大学で学ぶ 英語の教科書

Studying English for Fun and Future Fulfillment

奥田暁代

慶應義塾大学出版会

有彩と晃基へ

はじめに

　大学の法学部で英語を教えてもうすぐ20年になる。よりよい授業を目指して試行錯誤を繰り返してきた、と言えば聞こえがよいだろう。だが、心がけてきたことは一つ、楽しむことを目的にする、である。楽しめない授業は学べることも少ない。
　「楽しい」を説明すべきだろう。教員と学生の距離が近く、和気あいあいとおしゃべりをすることが「楽しい」授業ではない。学生主導で、彼らがお互いにアイディアを出し合い、議論をしながら、何かを成し遂げていく、つまり発言の機会が多く、そして達成感を得られることが「楽しい」授業なのである。終わりの見えないことはやっても意味がない、と思っている。なぜ本を読んでいるのか、何の目的で書いているのか、誰のために話しているのか、そういったことが分からないまま課題を与えられても、やらされている感が強く、結果も散々。学生の「どうすれば単位がもらえますか」という質問につながる。「学ぶ」はずの授業でこれではいけない。
　大学で英語を学ぶことは、いろいろなことにつながる。ほんとうの英語力とは、深く考える力であり、考えを表現する力であり、表現を伝える力である。知識がなければ英語での会話もままならない。普段から読んだり書いたり聞いたりしなければ、伝えることもない、のである。書物をじっくり読めば、論文を書くためあるいはスピーチをするために、じっくり探索をして論を考察すれば、発見することも多い。それこそ「学び」である。
　大学受験を乗り越えてきたのだから、英語は「得意」と自信を持っているかもしれない。ところが、いざ大学に入学して授業が始まると、英語は「不得意」なのかもしれないと不安になる。これは、「覚える」ことが主体の学びをしてきたからで、暗記した単語や構文、読解方法だけでは、大学の英語の授業についていけ

なくなってしまうからである。ぜひ、「発見する」学びを学んで、英語力を伸ばしてほしい。これこそが「教養を身につける」というものである。

　第1章では、「読む」ということはどういうことかを確認した後で、英語のリーディング力をひとつ上のレベルにもっていくことを目指す。読解ができるというレベルから、アクティヴに読むことによって批評をし、意見を述べるレベルになるようにする。この章で学ぶ積極的な読み方を、ほかの授業の教科書を読むときなどにも役立ててもらいたい。

　第2章では、「書く」ことを簡単なビジネス・レターから始めて、アカデミックな論文が書けるようになるまでを目指す。「1,000語程度の論文」と聞くとどん引きするかもしれないが、どうやって書いていくのか——最初のブレインストーミングから最後のピア・エディティングまで——を学べば、いずれ書くことになる卒業論文へとつながっていく。普段からさまざまな授業で書いているレポートでも剽窃まがいのことをしてしまわないよう、自分のことばで発信する力をぜひ養ってもらいたい。

　第3章では、「話す」ことが目的であるから、たくさんのアクティヴィティをこなしながら、スピーチ力を磨くことを目指す。最終的には7、8分のフォーマルなスピーチができるようになることを目的とするため、第1章、第2章と同じく、より高いところを目標に、人を説得するというのはどういうことか、しっかり学んでもらいたい。

　英語力を身につけながら、「大学で学ぶ」ということを学んでもらうことが、本書の目的である。学びとは発見であり、主役は学ぶ皆さんであること、自ら学んでいくことの大切さを忘れずに、楽しんで学ぼう。

目　次

第 *1* 章　英語で読む　　　　　　　　　　　　　　　9

1　新聞を読もう　Reading Newspaper Articles　　*11*

　　ACTIVITY 1　Comparing Articles　　*11*
　　　★ Summary Writing　　*18*

2　読むことを学ぼう　Active Reading　　*19*

　　★ SQ3R　　*21*
　　ACTIVITY 2　Creating a Table of Contents　　*22*
　　　★ Speed Reading　　*31*

3　資料を読もう　Inspectional Reading→Analytical Reading　　*32*

　　ACTIVITY 3　Finding and Reading Research Materials　　*32*

4　論文を読もう　Reading Journal Articles　　*35*

　　ACTIVITY 4　CARS (Create a Research Space)　　*36*
　　ACTIVITY 5　Writing a Critique　　*40*

5　小説を読もう　Reading Fiction　　*43*

　　ACTIVITY 6　Analyzing Poetry　　*43*
　　ACTIVITY 7　Reading a Story for Discussion　　*46*

第 2 章　英語で書く　　　　　　　　　　　　　59

1　手紙を書こう　Writing Letters　*61*

ACTIVITY 1　Writing a Job Application Letter　*63*
ACTIVITY 2　Answering a Complaint Letter　*68*
　★ Group Writing　*71*
ACTIVITY 3　Writing an Advice Letter　*72*
　★ Taking Writing Tests　*75*

2　記事を書こう　Writing News Articles　*76*

ACTIVITY 4　Writing Headlines　*76*
ACTIVITY 5　Writing a Newspaper Article　*80*
ACTIVITY 6　(A) Writing an Editorial　*82*
ACTIVITY 6　(B) Writing a Letter to the Editor　*87*
　★ Using Experiences　*89*

3　論文を書こう　Academic Writing　*90*

ACTIVITY 7　Writing a Paragraph　*90*
　★ Peer Editing　*93*
ACTIVITY 8　Writing a Movie Review　*95*
ACTIVITY 9　Writing an Outline　*97*
　★ Organization Patterns　*103*
ACTIVITY 10　Using Quotations　*104*
ACTIVITY 11　Writing Paraphrases　*106*
ACTIVITY 12　Writing an Academic Paper　*110*

第 3 章　英語で話す　　　　　　　　　　*121*

1　リスニング上手になろう　Listening　*123*

ACTIVITY 1　Recalling What You Heard　*124*
　★ Giving Feedback　*125*

2　思いを伝えよう　One-to-One Communication　*127*

ACTIVITY 2　Telephone Conversation　*127*
ACTIVITY 3　Job Interview　*129*

3　意見を言おう　Group Discussion　*133*

ACTIVITY 4　Finding a Place to Live　*134*
ACTIVITY 5　Role-play Argument　*135*
ACTIVITY 6　Street-corner Speech　*136*

4　議論をしよう　Reflective-Thinking Method　*138*

ACTIVITY 7　Group Discussion　*139*
ACTIVITY 8　Reaching a Verdict　*140*
ACTIVITY 9　Panel Discussion　*142*
ACTIVITY 10　Mini-Debate: Agree or Disagree　*143*

5　スピーチをしよう　Speech Making　*146*

ACTIVITY 11　Introducing Yourself　*148*
　★ Visual Aids　*150*
ACTIVITY 12　Adapting a Speech to an Audience　*151*

6 情報を伝えよう　Informative Speech　*152*

　　★ Using Questionnaires　*153*
　　★ Credible Sources　*155*
　ACTIVITY 13　Informative Speech　*158*
　　★ Avoid Plagiarism　*159*
　　★ Using Pauses　*161*
　ACTIVITY 14　Radio News　*162*
　　★ Using Voice Inflection　*164*
　ACTIVITY 15　Miming a Speech　*165*
　　★ Using Gestures　*166*
　ACTIVITY 16　Commemorative Speech　*166*

7 説得をしよう　Persuasive Speech　*169*

　ACTIVITY 17　Party Platform　*169*
　ACTIVITY 18　Running for an Office　*171*
　ACTIVITY 19　Persuasive Speech　*175*
　　★ Using Story　*176*
　ACTIVITY 20　Impromptu Speech　*179*

8 読み聞かせをしよう　Oral Interpretation　*180*

　ACTIVITY 21　Poetry Reading　*180*
　　★ Reader's Theater　*182*

参考文献　*183*

第 *1* 章

英語で読む

読むことから始めよう。「リーディング」と聞けば皆さんは、それくらいは自分でできる、と言うだろう。大学入試を乗り越えてきたのだから、長文読解は得意という人も多いのではないか。驚くことにいまだに多くの学生が、「日本人はリーディングは得意だけれど、ライティングやスピーキングのような発信はできない」と考えている。果たしてそうだろうか。語彙は増えたかもしれない。読解問題の解き方はよく知っているかもしれない。しかし、リーディング力はむしろ低下しているのではないか。これは学ぶことの基礎である「読む力」がないからだと危惧している。

　実用的なスキルが大事と世間で言われ、（とくに文系の）大学生の皆さんは役に立つ英語力を身につけなければ、と思っている。しかし、「情報を得る」と「分析をする」という二とおりの「読み」があるように、「学び」にも二とおりある。読むことの目的の一つは情報を得て覚えることであり、これは学びの第一歩となる。しかし、そこで終わってしまうようでは困る。とくに大学生の皆さんには、その次のステップこそがほんとうの意味での「学び」であることをぜひ知ってほしい。

　教員は情報を与えることはできても、実際に学ぶのは一人ひとりの学生になる。自ら発見しなければ学びにはならない。もちろん、さまざまな体験をすることによっての発見もあるだろうから、最近顕著になってきた体験型の授業やインターンシップが有効なのは分かっても、それとリーディングは何か関係があるのだろうかと思うだろう。大いにある。「読むこと」は「発見すること」であり、そのためには努力を必要とする。表面的に読むだけでは学びにならないのである。

　この章では、いくつかの課題をこなしながら、大学の場で求められている、英語で「読む」とはどういうことか学んでいこう。

1 新聞を読もう
Reading Newspaper Articles

　新聞を購読しているという学生が減少している。知りたいことがあれば、いつでもネットで検索できる。だから必要ない、と言われればそうかもしれない。しかし、読まない人は書けない、ましてや母語ではないのだから英語の文章に慣れ親しまない限り、ライティングは皆さんの言うところの「無理」な作業になってしまう。読者を意識して分かり易く書かれている新聞は、読む力を身につけるうえでとても役に立つ。政治、社会、文化、スポーツなど幅広い分野で最新の話題を扱っているのだから、きっと興味を持てる記事を見つけられるはずである。毎日ひとつでもかまわない、継続して読む習慣を身につければ、英語の授業を履修しなくともよくなる3年生や4年生になっても、長い目で見れば就職してからも、英語力低下を防ぐことができる。よく言われるように、語学力は使わなければあっという間に落ちてしまう。継続こそ力なり、である。
　以下の課題は新聞記事をじっくり読もうというものである。

ACTIVITY 1

Comparing Articles

Read and compare two news articles from different papers on the same day. They must be about the same event. Do you think the stories are about the same or are they biased? In your opinion, which is the better article?

　同じ日に同じ事柄を扱った記事（できるだけ一面の記事にする）を二つの異なる新聞から見つけて比較をする。「そもそも英字新聞ってどうやって探すの」、「見つけられても読むのは難しそう」、と思うかもしれない。そういう人には、まず日本の英字新聞をすすめる。普段テレビやインターネットのニュースなどで慣れ親しんでいる話題であれば、英語で書かれていても、だいたいの内容は分か

11

第1章　英語で読む

るはずである。『ジャパン・タイムズ』や『ジャパン・ニュース』などから記事を探してみよう。「新聞英語は意外と読みやすい」と思えば、二つ目の記事は海外の新聞から選んでみよう。

　課題には二つの記事を比べるとある。比較をするというのはどういうことだろう。まずはパッと見て分かるところから比べてみる。どちらのほうが長いか。写真があるかどうか、その写真の大きさはどうだろう。違いに驚くこともあれば、異なる新聞なのにまったく同じような記事が載っていることに驚くこともあるだろう（これは情報源が同じであるために生じる）。この課題では、記事の比較をしながらそれぞれの記事に「傾きbias（slantとも言う）」があるかどうかを調べること、そしてどちらの記事が「より優れている」か判断すること、が目的となっている。批判的に読むことが求められているというわけだ。

▶ Step 1　Read the Information

　新聞記事なのだから、「事実のみ」が「客観的に」書かれている、と思うのではないか。それならば、同じ事件を扱っているのだから、どちらも似たような記事になりそうである。ところが、強調されているところが違っていたりする。まずは情報の並べ方に注目してみよう。

　実は情報を挙げていく順序によって伝わり方が違ってくる。例を見てみよう。AとBはどちらも1898年にアメリカで発行された新聞である（16、17頁参照）。どちらの記事も、いちばん伝えたいことが最初に挙がっている。最初の段落を読むと、基本的な情報がすべて含まれていることが分かるだろう（"Who," "What," "When," "Where," "Why"の5つの問い（5Ws）に対する答えがきちんと含まれているのがよい記事だと言われる）。つまり、そこだけを読んでも記事の内容が分かる仕組みになっている。忙しい人はそこから先は読まない。

　記事の後ろの方ほど、重要度の低そうな情報が入っていることに気づくのではないか。これは紙面の調整をしやすくするため（ほかの記事との兼ね合いで、紙面が足りないとなれば記事の後ろから削っていく）でもあるが、それだけではない。英語で書く場合は、最初に伝えたいことを言ってしまわないといけない。つまり、「言いたいことは最後に取っておく」というやり方ではなく、結論は最初から、である。

　そうすると、最初の段落に書いてあることを比較することで、二つの記事の伝

えたいことの「違い」を読み取ることができる。サンプルのAとBはどちらも、1898年2月ハバナ港でアメリカの軍艦メイン号が爆発した事件を扱っている。

Aの見出しは"Warship Maine Destroyed."その後に少しフォントを落として、"Frightful explosion sends her to the bottom of Havana Harbor."とある。これに対してBは、"Cruiser Maine Blown Up."と"American warship totally destroyed in the Harbor of Havana killing or wounding many American seamen."どちらの見出しもメイン号が撃沈されたことを報じているが、Bの見出しからは、多くの人が死傷したことも明らかである。

次に最初のパラグラフを見てみよう。Aが"At 9:45 o'clock this evening a terrible explosion took place on board the United States battleship Maine in Havana Harbor. Many were killed or wounded."ここではWho, What, When, Where, Whyという5Wが記されている。Bでも、"At a quarter of 10 o'clock this evening a terrible explosion took place on board the United States Cruiser Maine in Havana harbor. Many were killed or wounded. All the boats of the Spanish Cruiser Alfonso XIII are assisting."とあり、同じ情報が提供されている。さらには、スペインのアルフォンソ13世号が救助にあたっていることも明らかにしている。実はこの同じ文章が、Aでは次の段落に入っている。二つの記事を比較すると、まったく同じ文章がどちらにもあることに気づく。剽窃だ！と思うかもしれないが、実際には同じ情報源から記事をおこしているからにすぎない。「共同通信は…」と書かれているところがあることから、この通信社の配信するニュースを利用したことが推測できる。

同じ情報源を利用している場合、記事の文章までが似てしまうことがあるものの、情報の扱い方にはずれがある。上記のように、最初の段落に入っている情報が違えば、記事全体のニュアンスも違ってくる。Bからはスペインが救助活動に積極的であることが伝わってくる。通信社の情報をすべて利用しないということもあろう。Aでは「通信社特派員によれば」と情報の元を明らかにしている。最後の段落は必要な情報ではないかもしれないが、ハバナ港埠頭の様子、最新の情報（まだ鎮火していない）、原因の推測が簡単に入れられている。艦長以下士官が無事であることも伝えられている。Bの記事は、情報を簡潔に伝えたうえで、最後にメイン号について紹介している。イラスト入りで、銃や大砲を装

第1章　英語で読む

備した最新の軍艦であったことが分かる。
　さて、この二つの記事を比較したときに、どちらが「客観的」と言えるだろうか。Aの記事では「弾薬庫の爆発」が原因であることを示唆している。この文章は、埠頭に数千人もの人びとが集まっていることを伝えたあとに、「～と信じられている」と受身の形で書かれ、居合わせた人びとがそのように思っている、というニュアンスになっている。もしかすると噂にすぎないことを伝えているというのは「客観的」と言えるのだろうか。それとも、軍艦について詳細を載せているBのほうが「より客観的」なのだろうか。どちらの記事も記者の主観で書かれているとは言えないが、どちらのほうが「より客観的」かは、読者が決めることである。

▶ Step 2　Analyze the Information

　どちらが「より客観的か」を考えることは、記事の傾斜（slant）分析につながる。新聞社が政治的に「右寄り」あるいは「左寄り」である、と批判されることがある。これこそ「主観的」な意見となろう。アメリカではメディアがリベラルに傾斜しているのか保守に傾斜しているのかは、社主の傾向を反映しているというよりも、購読者の傾向を意識してのこと、と言われたりもする。
　新聞記事が読者をある主張に煽り立てるようなことがあってはならない、と誰もが思うだろう。しかし、まったくの中立ということはあるのだろうか。安楽死、クローン、原発など、議論の的となっているような事柄を扱っている場合、双方の意見をバランスよく取り入れているかは、どのようにして測ることができるのだろう。例えば、同等の単語数を割いているかどうか、というのは目安になる。どちらかの立場のほうにより多くの根拠を挙げていれば、そちらを強調している、と言えるのではないだろうか。記事を比較した場合、一方で書かれていることが、もう一方であまり触れられていない、ということがある。つまり、ある程度書き手にとって都合のよいように書かれている。この「書き手の都合」は「主張の売り込み」であるものの、それは読者を想定したうえでの「売り込み」でもある。
　英語で書く場合は、できるだけ客観的に（一人称の"I"を使うな、と教わったものである）と言われるが、客観的でありながらも、傾斜を持たせることはできるのである。

▶ Step 3 Measure the Information

　どちらの記者の方が、情報収集という点でより努力をしているかを考えてみよう。ある事件を扱った記事だとする。警察による発表、目撃者の証言、現場周辺に住む住民のコメント、などがあればあるほど、記事に対する信頼度は高まるのではないか。記者が現場に赴いて実際にインタビューをしている、となればさらに高まろう。この記者の努力こそ書き手に必要なことで、教員が学生に期待するのもそういうことなのである。つまり、実際に足を使って論文を書く（一次資料がある）、これこそが学生にいちばん実行してもらいたいことである。情報量を測りながら、信頼できるのはどちらかを判断することで、説得力のある記事を見極める力を養っておこう。これが、次章で学ぶ、相手を説得するライティングにもつながる。

▶ Step 4 Evaluate the Articles

　最後に、どちらの記事がより優れているかを考えてみる。読者であるあなたにとってどちらがよいか、判断してほしい。「こちらの英語が読みやすい」という難易度で決めるのもよいだろう。例えば、『USAトゥデー』（*USA Today*）紙はアメリカでは珍しい全国紙で、一般読者に向けて平易な英語で書かれているため、日本の大学生にも読み易い。「時間がないから、記事が短い新聞の方がよい」とか、「写真やグラフなどビジュアルで訴えるものがある方が分かりやすい」という意見もあろう。重要なニュースを手短に明確に書いてくれる新聞を必要とする読者もあれば、それぞれが詳しく書かれていることを望む読者もいる。つまり、読む人が何を求めているのか、それこそがその記事の価値判断の決め手となる。

　これは次の章で、実際に新聞記事を書くという課題のところでぜひ思い出してほしい。読み手がクラスメートだとすれば、ほかの学生がどんな記事を「優れている」と判断しているのか知っておくことはとても重要になる。読み手を知ったうえで書く、これはライティングの鉄則である。

　大学で英語を学ぶことは教養を身につけること、と「はじめに」で述べた。新聞の読み方を学びながら、世間に氾濫している情報を批判的に見る目を養っ

第1章　英語で読む

てほしい。そのためにも、複数の新聞を読み比べる習慣を身につけるのはよいだろう。

Article A

WARSHIP MAINE DESTROYED

Frightful Explosion Sends Her to the Bottom of Havana Harbor.

HAVANA, Feb. 15—At 9:45 o'clock this evening a terrible explosion took place on board the United States battleship Maine in Havana Harbor. Many were killed or wounded

All the boats of the Spanish cruiser Alfonso XIII are assisting. As yet the cause of the explosion is not apparent. The wounded sailors of the Maine are unable to explain it. It is believed that the battleship is totally destroyed.

The explosion shook the whole city. The windows were broken in nearly all the houses.

The correspondent of the Associated Press says he has conversed with several of the wounded sailors and understands from them that the explosion took place while they were asleep, so that they can give no particulars as to the cause.

The wildest consternation prevails in Havana. The wharves are crowded with thousands of people. It is believed the explosion occurred in a small powder magazine. At a quarter of 11 o'clock what remains of the Maine is still burning.

Captain Sigsbee and the other officers have been saved.

Article B

Cruiser Maine Blown Up

American warship totally destroyed in the Harbor of Havana killing or wounding many American seamen.

Havana, February 15—At a quarter of 10 o'clock this evening a terrible explosion took place on board the United States Cruiser Maine in Havana harbor. Many were killed or wounded. All the boats of the Spanish Cruiser Alfonso XIII are assisting.

As yet the cause of the explosion is not apparent. The wounded soldiers and sailors of the Maine are unable to explain it. It is believed the cruiser is totally destroyed.

The explosion shook the whole city. The windows were broken in all the houses.

The correspondent of the Associated Press says he has conversed with several wounded sailors and understands from them that the explosion took place while they were asleep, so that they can give no particulars as to the cause.

The Maine is a battleship of the second class and is regarded as one of the best ships of the new navy. She was built at the Brooklyn navy yard and is 318 feet long, 57 feet broad, 21.6 mean draught and 6682 tons displacement. She carries four 10-inch and six 6-inch breech-loading guns in her main battery and seven 6-pound and eight 1-pound rapid firing guns and four gatling guns in her secondary battery and four whitehead torpedoes.

第1章　英語で読む

 Summary Writing

　この課題で新聞を読んだ後は、そのまま英字新聞を読む習慣をつけることを勧めたい。英語力を高めるために、記事は読みっぱなしではなく要約をして、そのうえで感想（自分の意見）も書きとめられればなおさらよい。
　要約の手順を書いておこう。

　　　① 大事なところについてノートをとる
　　　② アウトラインを作成する
　　　③ アウトラインを参考に要約を書く
　　　④ もう一度原文を眺めながら間違いがないか確認をする
　　　⑤ 文法や綴りなど簡単なミスがないかを調べる

　ステップ②と③のときは原文を見ないようにすることが、文章の盗用を避けるうえで極めて重要になる。立派な文章があれば、それをそのまま写したくなるのは誰もが経験することだろう。そうしないためには、どうしても原文を遠ざける必要がある。
　要約を書くためにそこまで？　と思うかもしれない。しかし、文章を書く習慣をつけなければ上達しない。写しているようではダメなのである。また、文章というものは、書き手の財産である。時間をかけて書いている。1時間かけても2、3行しか書けなかったりするのではないだろうか。ましてや文法も正しいきちんとした文章を書くことのたいへんさは分かるだろう。他人のものを勝手に使うことはやめよう。
　「記事を読んで、要約をして、感想を書く」という一連の作業は、英語の上達だけではなく、考えを深めることにも役立つ。

2 読むことを学ぼう
Active Reading

　「読む」にはさまざまな目的がある。楽しむために読むこともあれば、何かを知りたくて読むこともあるだろう。大学では後者の目的で読むことが多い。1で挑戦した新聞記事も、たいていは情報を得るために読むのではないだろうか。しかし、課題では比較をしながら分析をすることが求められた。熟読しなければできない作業である。これこそが、大学で大事な「読むこと」なのである。中学・高校をつうじて語彙と文法を身につけた皆さんは、何が書いてあるかは読み取れるようになっている。ところが、英語で文献を探して、見つけたものを熟読し、さらに論文執筆に活用するようにと言われると、何をどう読んでよいのか分からなくなってしまい途方に暮れるのである。なぜだろう。ここでは、「本を読むことは小学生の頃からやっている」、「英語だってそれなりに読める」という皆さんにもう一度「読む」ことについて考えてもらおう。

　アメリカの大学ではよく、学生に勉強の仕方を教授するセンター（スタディ・スキルズやラーニング・センターなど名前はさまざま）が設置されている。そういったところ（のウェブサイト）でリーディングについて検索してみると、推奨されているのは「アクティヴ・リーディング」である。そう明記されていなくとも、50年以上も前にモーティマー・アドラー（Mortimer J. Adler）が提案した読み方を継承した方法を教えている。アドラーは西洋の古典を読むことを推奨したためその評価は割れるが——ここではどのような本を読むべきかということを言うつもりはない——、1940年出版の*How to Read a Book*とその1970年出版の改訂版（Charles Van Dorenとの共著）の教えは、いまでも役に立つ。

　アドラーによれば、リーディングの目的には、上記の楽しむことと情報を得ることのほかに、理解を深めるということがある。読んだときに何が書いてあるか分かっただけではなく、どうしてそう言えるのか、なぜ作者はそう語るのかまで理解すれば、「学び」となる。アドラーは、教えられて学ぶことと、自ら探求して学ぶことの違いを強調する。学びは能動的であり、それは読むことも同じなのだと言う。「考える」ことをしなければ学びにはならないように、「考える」こと

第1章　英語で読む

なしに読むことはできない。当たり前のようなことを言っているようだが、意外とリーディングを受け身の学びだと思っている学生が多いため、ここでアドラーの「アクティヴ・リーディング」を学んでもらおう。第二章の「書く」、第三章の「話す」と同じくらい積極的にこの第一章の「読む」に挑戦してもらいたい。

　アドラーの区分によれば、リーディングには4つのレベルがある。①書いてあることを理解する (elementary reading)、②書いてあることを調べる (inspectional reading)、③書いてあることを分析する (analytical reading)、④書いてあることを比べる (syntopical reading)、である。①の基礎レベルは、内容が把握できるというレベルで、英語を母語としない学生諸君にもこのレベルは備わっていると想定する。②のレベルには"pre-reading"という補足説明があり、ライティングのところで説明する"pre-writing"に相当するものと捉えると分かりやすいかもしれない。読む前の準備段階にあたり、本の題名や目次、序文、そして各章のタイトル、見出し、最初の段落などにざっと目を通すことによって「調べる」ことを目的とする。何について（第2章でいうところのトピック）書いてあるのか、その構成（第2章でいうところのアウトライン）はどうなっているのか、などを確認する。

　さらに上のレベルの③では、「分析する」ことが求められている。理解を深めるための問いを自ら作り、それらに答えるといった作業を通じて、アクティヴに読むというレベルである。表面的な理解ではなく、内容を咀嚼・消化して自ら説明できるまで理解を深めることを目的とする。④の"Syntopical"はアドラーの合成語で、「同じトピックのものを複数読む」という意味で使われている。比較をしながら読むというレベルになる。膨大に読むことを想定しているため、とくに英語で読むことを考えれば実行するのは難しく、ここでは扱わない。

2 読むことを学ぼう

 ## SQ3R

　もうひとつメソッドを紹介しておこう。アメリカの大学で勉強法（教科書の読み方）としてよく紹介されているSQ3Rというのを聞いたことがあるかもしれない。フランシス・P・ロビンソン（Francis Pleasant Robinson）が *Diagnostic and Remedial Techniques for Effective Study*（初版は1941年、1970年の第4版は *Effective Study*）で提唱した読み方である。またそんな古い…と思うかもしれないが、今も昔も変わらずリーディングには努力が必要とされている、ということだろう。ごく簡単に説明しておくと、学ぶには以下の5つのステップがある。

Survey: 　本なら本全体を、章なら章の最初から最後までを、最初にざっと見ておこうというステップである。本や章のタイトル、見出し、斜体などで強調されている部分、各段落の最初の文、などを拾い読みする。アドラーも同様のことを推奨していた。

Question: 　章のタイトルや見出しを質問に変換する。*What* や *How* で始まる文章にする。そうすることによって、そのセクションを読む目的を明らかにする。

Read: 　読みながら上記の（書き出した）質問に答えられるようにする。答えを探そうと努力するのだから、アクティヴ・リーディングとなる。

Recite: 　読み終えたときに、自分なりのことばで上記の回答を言えるかどうか試してみる。質問に対する答えが出てこないのであれば、理解していないということになるから、再度読む必要がある。英語で読む際には、このステップが難しい。大事だと思える箇所が見つかったとしよう。すると皆さんは、その部分をノートに抜き書きするのではないだろうか。そのため、それを「自分なりのことばで」説明すると言われても、英語の文章を言い換えるのは簡単ではない。

21

第1章　英語で読む

　　そこで、ノートの段階で抜き書きを極力減らして（もちろん引用をする場合には必要となるため、完全になくさなくてかまわない）、自分の英語に直しておくようにしよう。それってライティングじゃないですか、と思うかもしれない。英語で読むというのは、それくらい手間のかかることで、表面的に読むことが習慣になっていれば、高校までは英語が得意だったのに大学に入ったら英語力が伸びないと悩む原因になる。英文読解ではいつも質問が後ろについているのだから、その答えを探すことができれば「読めた」ことになる。自分で質問を考え、それに答えを出し、さらに英語で書きとめておく（くどいようだが「書き写す」のではない）、こういった作業ができなければ、大学生の英語力としては不十分なのである。

Review:　内容の復習をする。これは、4つのステップを終える度に確認をするということでもあり、見出しのあるセクションごとにじっくり読んでいるのならば、章全体を読み終えたときにその章のまとめをしておくことも重要になる。

ACTIVITY 2

Creating a Table of Contents

Read the following article by Theodore Roosevelt. By filling the boxes and giving sub-headings for each section, you will create a table of contents for this short piece.

　見出しを入れていくというこの課題は、アクティヴ・リーディングの分析ステップを意識したものである。SQ3Rで言えば、質問をつくるステップを逆から試みたもの、となろうか。各段落で言いたいことは何か考えてみよう。最初の段落は、引用を用いるなどして読者を惹きつけながら全体の主張を伝える序文となるため、とくに見出しをつけていない。結びとなる最後の段落もそのままにした。段落2には例が入れてある。シオドア・ローズヴェルトによるこのエッセイは

22

1900年7月28日付の *Outlook* 誌に寄稿したものであり、現職のニューヨーク州知事にして、6月の共和党の党大会では副大統領候補に選出され、まさに選挙運動を行っているときに書かれたものだった。政治家と有権者との関係について何を言わんとしているのかを考えながら読んでみよう。

▶ Step 1 Skim the Text

　論説にまずざっと目を通してみよう。分析をする場合でも、アドラーは、最初に全体像をつかむために斜め読み、拾い読みをすべきという。題名、目次、各章のタイトル、見出し、最初の段落、各段落の最初の文章、を拾い読みする。タイトルや見出しをじっくり読むという学生諸君は少ないのではないか。第2章「英語で書く」のところでは新聞記事の見出しを書くという課題がある。わずか10語を書くのにどれくらいの労力と時間がかかるかを実感することになる。新聞記事を読む課題では、最初の段落が全体の要約になっていると説明した。それを思えば、そのように著者が手間をかけた部分を、読者が飛ばしてしまうのはもったいないことになろう。

▶ Step 2 Study the Text

　全体で言いたいことが漠然と見えたところで、今度はそれぞれの段落をじっくり読んでみよう。そして、ローズヴェルトの言わんとしていることを文章にして□□□□内に書いてみよう。ここは単語や語句で済ますのではなく（それでは段落のトピックは分かっても主旨は分からない）、完結した文章となるようにする。2から8までの見出しを読めば、それだけで全体の内容が分かるようにすることが目的となる。見出しのついている書き物が、いかに読者に親切であるか分かろうが、ただし、見出しと本文が一致しないような悪本？も世の中にはある。

　この課題は、読みながらノートをとり本の構成を書いてみる、というアドラーの分析ステップ (analytical reading) にそったものだが、本来であれば、皆さんが読んだ本で挑戦してもらいたい課題である。本全体の構成を考えると言うと、「え？　すでに目次があるのにまた作るのですか？」と問う学生も多い。しかし、読みながら読者なりの目次を作ると、実際にどれくらい理解しているのかが確認できる。

第1章　英語で読む

PROMISE AND PERFORMANCE
By THEODORE ROOSEVELT

1. Introduction

IT is customary to express wonder and horror at the cynical baseness of the doctrines of Machiavelli. Both the wonder and the horror are justified, though it would perhaps be wiser to keep them for the society which the Italian described rather than for the describer himself; but it is somewhat astonishing that there should be so little insistence upon the fact that Machiavelli rests his whole system upon his contemptuous belief in the folly and low civic morality of the multitude and their demand for fine promises and their indifference to performance. Thus he says: "It is necessary to be a great deceiver and hypocrite; for men are so simple and yield so readily to the wants of the moment, that he who will trick shall always find another who will suffer himself to be tricked."

2. *Hypocrisy of the prince is allowed by the people.*

　It therefore appears that Machiavelli's system is predicated partly on the entire indifference to performance of promise by the prince and partly upon a greedy demand for impossible promises among the people. The infamy of the conduct championed by Machiavelli as proper for public men is usually what rivets the attention, but the folly which alone makes such infamy possible is quite as well worthy of study. Hypocrisy is a peculiarly revolting vice alike in public and private life; and in public life—at least in high position—it can only be practiced on a large scale for any length of time in those places where the people in mass really warrant Machiavelli's description, and are content with a complete divorce between promise and performance.

3.

It would be difficult to say which is the surest way of bringing about such a complete divorce—on the one hand, the tolerance in a public man of the non-performance of promises which can be kept, or, on the other hand, the insistence by the public upon promises which they either know, or ought to know, cannot be kept. When, in a public speech or in a party platform, a policy is outlined which it is known cannot or will not be pursued, the fact is a reflection, not only upon the speaker and the platform-maker, but upon the public feeling to which they appeal. When a section of the people demand from a candidate promises which he cannot believe that he will be able to fulfil, and, on his refusal, support some man who cheerfully guarantees an immediate millennium—why under such circumstances the people are striving to bring about in America some of the conditions of public life which produced the profligacy and tyranny of medieval Italy. Such conduct means that the capacity for self-government has atrophied; and the hardheaded common sense with which the American people, as a whole, refuse to sanction such conduct is the best possible proof and guarantee of their capacity to perform the high and difficult task of administering the greatest Republic upon which the sun has ever shone.

第1章　英語で読む

> 4.

　There are always politicians willing, on the one hand, to promise everything to the people, and, on the other, to perform everything for the machine or the boss, with chuckling delight in the success of their efforts to hoodwink the former and serve the latter. Now, not only should such a politician be regarded as infamous, but the people who are hoodwinked by him should share the blame. The man who is taken in by, or demands, impossible promises is not much less culpable than the politician who deliberately makes such promises and then breaks faith. Thus, when any public man says that he "will never compromise under any conditions," he is certain to receive the applause of a few emotional people who do not think correctly; and the one fact about him that can be instantly asserted as true beyond peradventure is that, if he is a serious personage at all, he is deliberately lying; while it is only less certain that he will be guilty of base and dishonorable compromise when the opportunity arises. Compromise is so often used in a bad sense that it is difficult to remember that properly it merely describes the process of reaching an agreement. Naturally, there are certain subjects on which no man can compromise. For instance, there must be no compromise under any circumstances with official corruption; and, of course, no man should hesitate to say as much. Again, an honest politician is entirely justified in promising, on the stump, that he will make no compromise on any question of right and wrong. This promise he can and ought to make good. But when questions of policy arise (and most questions, from the tariff to municipal ownership of public utilities and the franchise tax, are primarily questions of policy), he will have to come to some kind of working agreement with his fellows, and if he says that he will not, he either deliberately utters what he knows to be false, or else he insures for himself the humiliation of being forced to break his word.

5.

Again, take the case of those who promise an impossible good to the community as a whole if a given course of legislation is adopted. The man who makes such a promise may be a well-meaning but unbalanced enthusiast, or he may be merely a designing demagogue. In either case, the people who listen to and believe him are not to be excused, though they may be pitied. Softness of heart is an admirable quality, but when it extends its area until it also becomes softness of head, its results are anything but admirable. It is a good thing to combine a warm heart with a cool head. People really fit for self-government will not be misled by over-effusiveness in promise, and, on the other hand, they will demand that every proper promise shall be made good. Wise legislation and upright administration can undoubtedly work very great good to a community, and, above all, can give to each individual the chance to do the best work for himself. But, ultimately, the individual's own faculties must form the chief factor in working out his own salvation. In the last analysis it is the thrift, energy, self-mastery, and business intelligence of each man which have most to do with deciding whether he rises or falls. It is easy enough to devise a scheme of government which shall absolutely nullify all these qualities and insure failure to everybody, whether he deserves success or not. But the best scheme of government can do little more than provide against injustice, and then let the individual rise or fall on his own merits. Of course, something can be done by the State acting in its collective capacity, and in certain instances such action may be necessary to remedy real wrong. Gross misconduct of individuals or corporations may make it necessary for the State or some of its subdivisions to assume the charge of what are called public utilities. But when all that can be done in this way has been done; when every individual has been saved so far as the State can save him from the tyranny of any other man or body of men; the individual's own qualities of body and mind, his own strength of heart and hand, will remain the determining conditions in his career. The people who trust to or exact promises that, if a certain political leader is followed, or a certain public policy adopted, this great truth will cease to operate, are not merely leaning on a broken reed, but are working for their own undoing.

6.

So much for the men who, by their demands for the impossible, encourage the promise of the impossible; whether in the domain of economic legislation, or of legislation which has for its object the promotion of morality. The other side is that no man should be held excusable if he does not perform what he promises, unless for the best and most sufficient reason. This should be especially true of every politician. It shows a thoroughly unhealthy state of mind when the public pardons with a laugh failure to keep a distinct pledge, on the ground that a politician cannot be expected to confine himself to the truth when on the stump or the platform. A man should no more be excused for lying on the stump than for lying off the stump. Of course matters may so change that it may be impossible for him, or highly inadvisable for the country, that he should try to do what he in good faith said he was going to do. But the necessity for the change should be made very evident, and it should be well understood that such a case is the exception and not the rule. As a rule, and speaking with due regard to the exceptions, it should be taken as axiomatic that when a man in public life pledges himself to a certain course of action he shall as a matter of course do what he said he would do, and shall not be held to have acted honorably if he does otherwise.

7.

All great fundamental truths are apt to sound rather trite. And yet in spite of their triteness they need to be reiterated over and over again. The visionary or the self-seeking knave who promises the golden impossible, and the credulous dupe who is taken in by such a promise, and who in clutching at the impossible loses the chance of securing the real though lesser good, are as old as the political organizations of mankind. Throughout the history of the world the nations who have done best in self-government are those who have demanded from their public men only the promise of what can actually be done for righteousness and honesty, and who have sternly insisted that such promise must be kept in letter and in spirit.

8.

So it is with the general question of obtaining good government. We cannot trust the mere doctrinaire; we cannot trust the mere closet reformer, nor yet his acrid brother who himself does nothing, but who rails at those who endure the heat and burden of the day. Yet we can trust still less those base beings who treat politics only as a game out of which to wring a soiled livelihood, and in whose vocabulary the word "practical" has come to be a synonym for whatever is mean and corrupt. A man is worthless unless he have in him a lofty devotion to an ideal, and he is worthless also unless he strives to realize this ideal by practical methods. He must promise both to himself and to others only what he can perform; but what really can be performed he must promise, and such promise he must at all hazards make good.

第1章　英語で読む

9. Conclusion

　The problems that confront us in this age are after all in their essence the same as those that have always confronted free peoples striving to secure and to keep free government. No political philosopher of the present day can put the case more clearly than it was put by the wonderful old Greeks. Says Aristotle: "Two principles have to be kept in view, what is possible, what is becoming; at these every man ought to aim."

＊原文では見出しはついていない。また、例題の便宜上いくつか文章を削っている。

Table of Contents

1. Introduction
2. _____
3. _____
4. _____
5. _____
6. _____
7. _____
8. _____
9. Conclusion

Speed Reading

　じっくり読むことをすすめておきながら、「速読」についてのコラムがあるのはなぜ、と思うかもしれないが、読む速度が少しでも速くなれば、限られた時間で読める量も増すであろうし、速読のテクニックを教える教科書など多く出ているため、簡単に触れておこう。

　もちろん速読は、内容を理解したうえでスピードもあげていくことを意味する。集中すればそのスピードが速まるのは想像がつくだろうし、集中力をあげようと思えば、目で文字を追いやすいように鉛筆や指で読んでいるところをなぞる、読んでいるときに後戻りしないようにする、などの指示も理解できるだろう。また、速く読むには、スピードを遅くしている要因を取り除くことも大事で、ながらリーディングのような集中を妨げることは論外だが、声に出して読んでいる（発音しなければならないため速度はあがらない）、一語一語読んでいる（フレーズや文章単位で読むことができれば速度があがる）、何度も同じところを読み返している（分からないところがあってもとりあえず読み進める）、といったことを避けるだけで、時間内に読める分量が違ってくる。

　速読と聞くとハイスピードで読み続けなければいけないような印象かもしれない。しかし、読むスピードは変わってかまわない。難しい部分は時間がかかるだろうし、飛ばし読みで済むところもあるだろう。アドラーは、むしろこのように状況に応じて速度を変えることを推奨している。

　当然ながら、読んだことを理解していないのならば――何が書いてあったか説明できるかどうか、である――、速く読めても意味がない。手を動かし考えながら、書き手とのコミュニケーションのつもりで読むアクティヴ・リーディングの姿勢を崩さず、しっかり集中して読むことで、速度をあげてみよう。

第1章　英語で読む

3 資料を読もう
Inspectional Reading→Analytical Reading

ここでは、2で学んだ読み方を、次章のライティングのところでどのように活用すべきか、課題を通して学ぼう。

> **ACTIVITY 3**
>
> **Finding and Reading Research Materials**
> Find at least one book and one article to read. The topic for both should be the same and of something that interests you.

▶ Step 1 Choose What You Read

アカデミックな場では、情報を得るために、資料探しとして「読む」ことが多い。つまり、すでに目的ははっきりしている。論文を書くために読むならば、どういった情報が必要かあらかじめ書きだしておくとよい。ライティングでは、「言いたいこと＝主張」を書きだして大まかなアウトラインを作成してからリサーチをするという手順になっている。つまり、それぞれの根拠の裏づけとなる情報を探しているわけで、集めた資料をすべてじっくり読む必要はない。もちろん多くの資料を読み込むことは、知識を深めるうえで有益ではあるが、論文を書きあげることが目的であれば、読む時間は限られてくる。

書かなければいけない論文が1,000語程度であれば、それぞれの裏づけにかけられる分量は数行くらいであろう。であれば、（例えば200頁を超える）専門書を熟読するよりも、同じトピックの（例えば20頁程度の）論文を読むほうが生産的かもしれず、もしその専門書の情報が最も適切と思うならば、本の拾い読みも可能だろう。本の目次、序章、見出し、最終章を見て、論点をつかんで書きとめる。各章の最初と最後のパラグラフを読んで、論点を確認する。そういった読み方で十分だろう。さらに詳しくというのであれば、各パラグラフの最初

の文章を拾い読みすることもできる。パラグラフにはそれぞれトピック・センテンス（そのパラグラフで言いたいことを一文で表している、最初の文章であることが多い）があるため、このような読み方も効果的となる。もちろんいつもこのような読み方をするというわけではないが、資料探しが目的であれば、どれくらい詳しく読むべきか考えながらリサーチを進めると効率的である。

　読む資料を決める際には、最新のものを選ぶようにする。その点では、本よりも論文のほうが新しい情報を見つけやすい。論文には、最初に要約がついていることも多く、そこを読めば概要をつかむことができる。資料探しのために「読む」というのは、このように、取捨選択しながら本や論文にあたるということである。

▶ Step 2　Take Notes

　マーカーを使って線を引くなど、皆さんには普段から行っている読み方があるだろう。アクティヴ・リーディングでは、読みながら下線を引くだけではなく、実際に文字を書くことが奨励されている。余白に大事なポイントを書き込んだり、浮かんできた疑問を書きとめておいたり、書かれていることに対する意見を書いておく。読みながら考えることは、書き手とのコミュニケーションでもあり、これがまさにアクティヴな読み方になる。なるほどと思っても、まさか図書館で借りてきた本に書き込みはできまい。そこで、読むときはノートをとることをすすめる。「そんな面倒な」といった不平が聞こえてきそうなものだが、すでに述べたように、「読む」というのは「書く」に匹敵する努力を必要とするものなのである。

　アドラーの分析レベルのリーディングでは、書き込みをしたりノートをとったりするばかりでなく、読むにあたって質問を意識すること（ロビンソンのSQ3RのQuestion）が求められる。①本全体を通じて作者が言いたいことは何か。②主張の根拠として作者が挙げている項目は何か。③全体的に、あるいは部分的に、この本（の主張）は正しいと言えるか。④この本（が明らかにしている内容）の意義は何か。なぜ作者はこの内容を伝えようとしたのか。アドラーの著書は400頁を超える大著であり、提言・助言も複雑なのだが、ここでは目的を明らかにしたうえで読む（用意した問いに対する答えを探す）ことに着目する。こういった質問項目リストは本だけではなく、もっと短い本の一章分だけ、ある

第1章　英語で読む

いは論文を読むときにも役に立つ。大事なのはリーディングの際にこのような問いを自分に課す習慣をつけることである。目的をもって読む＝答えを考えながら読むことができれば、たとえ英語で書かれたものでも理解できるようになる。

　質問の答えでなくとも、思い浮かんだことを書きとめておくことも大事だろう。キーワード（頻度の高い単語）のリストを作成する、自分なりにアウトラインを作ってみる、フローチャートにしてみる、などいろいろなことを試してみよう。すべきでないのは、長い文章をそのまま書きだすことである。引用したい場合は別だが（第2章で説明するように、論文には直接の引用は多く入れないほうがすっきりする）、時間もかかるうえ、後でノートを見ても何が大事か分からなくなる。必要のない情報は、「もしかしたら後で使えるかも」とか「別の論文に利用できるかも」などの理由でメモしておいたりしないように。目的から外れたことをすれば、資料の読み込みに時間がかかるばかりでなく、自分の言いたいことまでぼやけてしまう。ノートは書きすぎないように気をつけよう。

　自分のことばでノートをとるように気をつけてほしい。しつこいと思うかもしれないが、ここをきちんとしなければ、論文を書く際に、ごっそり書き写していた文章をそのまま使用してしまうと、剽窃となってしまう。言い換えながらノートをとると「時間がかかる」と思うようだが、あとで自分のノートを読み返したときに、そのありがたさが分かるというものである。実際に論文で使用するときに、すでに自分のことばになっていれば、あらためて言い換えをする手間を省くことができる。また、後で参考文献リストを作成するときに便利なように、読んだ本や論文の情報は必ずノートに書いておこう。

▶ Step 3　Analyze the Text

　情報を得るために読んでいるときも、書かれていることをすべて額面どおりに受け取るのではなく、批判的な目で見ることを心がけよう。批判的に読むことは、なにも粗探しをすることが目的ではなく、根拠として使用するにふさわしいか否かを考えよう。ここで著者が言いたいことは何か、その主張の根拠は挙げられているか、その根拠の裏づけは信頼できるか、といった質問だけでなく、自分が求めていた情報なのか、ほかの論文などに書かれていたことと整合性があるのか、これまでに言われてきたことと同じなのか新しいのか、など比較をしながら読むこともクリティカル・リーディングであり有益である。

4 論文を読もう
Reading Journal Articles

　ある分野について知識を得たい場合、まず概説書を読むのではないだろうか。しかし、自分がとくに興味を持っているトピックに関してもっと詳しくとなれば、論文を読むことが必要になってくる。そして、トピックによっては、英語の論文しか見つからない、ということもある。日本語の概説書から英語の論文のギャップがあまりに大きいという場合は、まず英語の雑誌記事を探すことをすすめる。特集記事などであれば、それなりに詳しく調べたものであり、必要な専門用語もたくさん使われているから読んでいるうちに身につく。

　論文となるとハードルは高くなる。何を言っているのかさっぱり、と数行読んだだけで諦めてしまうこともあるだろう。しかし、これから論文を書こうというときに、論文は読まない、というわけにはいかない。「難しすぎる」としり込みしていれば、安易にインターネットに挙がっている情報だけに頼って論文を書くことになる。それでは説得力のあるものは書けない。論文はその構成が分かればそれなりに読めるようになる。もちろん努力は必要だが、アクティヴ・リーディングが習慣になっていれば問題ないはずである。

　さて、論文とは何だろう。研究の「隙間」、つまりまだ誰も研究していない（論じていない）ことを見つけて焦点をあて、その「隙間」をぐいぐいと押し広げながら、価値を認めてもらおうとする、そういったものである。「論文ってそんな細かいことなのですか」と言われればそれまでだが、およそ学部の学生には縁のないような細かいことをいかに大事か訴えながら書いたものが多い。こういったことが分かれば論文は読み易くなる。そして、主旨説明は必ず論文の始めに行われるため、最初の段落をじっくり読めば、全体を理解できる。第一段落に大事なことがすべて書かれていると先ほども述べたのでは、と咎められそうなものだが、あえて強調しておこう。新聞記事や雑誌記事、研究書などと同じく、論文も最初さえしっかり読めば概要がつかめるようになっている。以下、論文の最初の段落＝イントロダクションの読み方を見ていこう。

第1章　英語で読む

> **ACTIVITY 4**
> **CARS (Create a Research Space)**
> Read the introduction on p.38 and fill out the worksheet. Pay attention to how the author establishes her research space.

▶ Step 1　Read the Opening Sentence

　ライティングの最初の文章のことを"attention-getter"あるいは"hook"と呼んだりする。その名のとおり、書き手がどうやって読み手の気を引くか悩みに悩んだ末に思いついた文章なのである。引用で始まることも多い。かの有名な人がこんな素晴らしいことを言っていた、と書き出せば、「ふーん、知らなかったなあ」と読者が思って読み始めてくれればしめたものである。よく知られている本に言及した場合も、「ああそうだった、それで何が言いたいのだろう」と読者の興味をかき立てることができる。2で扱ったローズヴェルトの論説はマキャベリの『君主論』からの引用で始まっている。ほかにも、読者を驚かせるようなことを書いたり、トピックの重要性を強調したりすることもある。こういったことは、エッセイや論説では効果的であっても、論文では必要ないのでは、と思うかもしれない。確かに論文はタイトルのほうが重要かもしれないが——検索をかけておもしろそうであれば読者は読もうとするだろう——、それでもやはり、出だしで読み手の気を引きたいものである。
　課題文では著者はどのように読者に関心を持ってもらおうとしているだろう。

▶ Step 2　Find the Niche

　論文ではさらにその価値を訴えなければならない。つまり、なぜその研究分野がとても大事で（そんな研究をしているのか、などと呆れられては元も子もない）、そしてその研究がいかにその分野で貢献しうるかをしっかりと見せなければならないのである。そこで、論文のイントロダクションには今までどのような研究がなされてきたのかが示されている。そういった研究と書き手の研究の違い、つまり研究の価値、を示すのが目的だが、これは読者にはとても便利であ

る。最新の論文を読めば、現在にいたるまでの大体の主張（の流れ）が分かる。以下、イントロダクションの果たす役割をより精密に分析した研究について触れながら課題の説明をしよう。

　CARS (Create a Research Space) モデルは、ジョン・スウェイルズ (John M. Swales*) が数多くの学術論文の構造を分析することによって見出したイントロダクションの構成パターンである。「こう書くべき」というよりも、「こう書かれている」と論証するスウェイルズのモデルは、皆さんが論文の導入部を理解するうえで役に立つ。スウェイルズによれば、多くの論文のイントロダクションではまず、その研究分野の重要性を明確化する (Move 1 — Establishing a research territory)。これまでにどのような研究がなされてきたのかなどの概観を含むこともある。それから、先行研究ではまだ扱われていない部分（スウェイルズは「隙間niche」と呼んでいる）を見出し確立する (Move 2 — Establishing a niche)。この場合、従来の研究で取りあげられていなかったところ（隙間）に着目する以外にも、従来の研究に疑問を投げかけるあるいは反論するといったこともあり、従来の研究に追行する場合もある。そして最後に、その自分の研究（隙間）の目的・概要を明らかにし、論文の構成も示す (Move 3 —Occupying the niche)。

　課題はスウェイルズのモデルを参考に、以下のイントロダクションがどのように構成されているか分析することを求めている。

---

*興味のある学生はぜひSwalesとChristine B. Feak共著の *Academic Writing for Graduate Students: Essential Tasks and Skills* を読んでみよう。大学院生用に書かれた教科書であるためハイレベルである、あしからず。

第1章　英語で読む

①The allegorical paintings of Thomas Cole, the leading American landscape painter of the 1830s and 40s, have always presented problems to critics. ②Contemporary writers praised Cole's allegories for their high moral tone, but the artist found few patrons willing to buy them. ③Cole bitterly lamented the need to continue what he called "pot-boiling," painting simple landscape views with no higher message, complaining that the public wanted "things, not thoughts," and protesting, "I am not a mere leaf-painter." ④Present day critics, however, tend to agree with Cole's public, appreciating his exuberant Catskill scenes as an important step in the development of a native art and a romantic interest in nature, and deprecating the large, didactic allegories of which Cole was so proud: *The Course of Empire, The Past and the Present, The Departure and the Return,* the unfinished *Cross and the World* and *The Voyage of Life*. ⑤Yet these paintings do represent a "landmark in our cultural history," as E. P. Richardson stiffly acknowledged. ⑥They are expressions of their time, and can yield insights into the emotional and intellectual milieu which produced them. ⑦In particular, *The Voyage of Life*, the last allegorical series Cole completed and the one which won greatest contemporary popularity, sheds light on a dilemma of the romantic imagination which Cole shares with his American contemporaries Hawthorne, Poe and Melville, as well as his mentors Wordsworth, Coleridge, Shelley and Keats.

—from Joy S. Kasson, "*The Voyage of Life*: Thomas Cole and Romantic Disillusionment," *American Quarterly* (1975)

Activity 4 Questions

1) Was the opening sentence effective in grabbing your attention or not? What were some of the words that attracted you?

_____
_____
_____

2) Divide the sentences into the three basic moves. Each move does not need to have an equal number of sentences.
　　　Move 1:　Sentence _____ to Sentence _____
　　　Move 2:　Sentence _____ to Sentence _____
　　　Move 3:　Sentence _____ to Sentence _____

3) How do the sentences in Move 1 establish a territory?
　　By introducing previous responses to the artist's works,
　　and by establishing the context for the subject.
_____
_____

4) How do the sentences in Move 2 establish a niche?

_____
_____
_____

5) How do the sentences in Move 3 occupy the niche?

_____
_____
_____

第1章　英語で読む

　CARSモデルは、このように論文を読むときにも参考になるが、書くときにもぜひ活用してほしい。論文でいちばん大事なイントロダクションが、きちんとその役割を果たしているのかどうか確認できる。研究分野において取りあげようとしているトピックが重要であるかどうか、そのトピックについてこれまでどのような研究がなされてきたか、すでに行われていることとは異なる「隙間」を見つけているか、など。そして、論文の目的を述べた後で、その構成を述べることも忘れないようにしよう。

> **ACTIVITY 5**
> ## Writing a Critique
> Read an article (or a book) analytically and prepare to write a critique. The first part of the critique is a short summary of the article (or the book) and the second is an evaluation.

　「クリティカル・リーディング」ということばをよく耳にするのではないだろうか。これは、ただ「批判的に読む」というだけではなく、ここまで述べてきたような「目的を明らかにしたうえで読む」ことでもある。楽しむために読んでいるのか、知識を得るためなのか。あるいはある事柄について情報を得たいのだろうか。論文で主張したいことの裏づけを探しているのだろうか。そういったことを明確にしたうえで読むようにする。何が大事で何が大事でないのか、何が必要で何が必要でないのか、基準がはっきりしていれば、膨大な資料や分厚い研究書を前にしても「何をすればよいのか分からない」ということもなくなる。読みながら裏づけがしっかりしているか確かめる習慣がつけば、自然と、書くときに根拠なしに主張をすることもなくなるだろう。

　それは分かったけれど、なぜこの課題はライティングを要求するのか、と皆さんは思っているだろう。最初に「読めなければ書けない」といったことを述べた。まさにそこに戻ってきたことになる。第2章に入る前に、少しだけ「読む」と「書く」の関連を見ておこう。

▶ Step 1 Read Closely

　課題は論文の批評 (critique) を書くというもの。書かれているものを批評するのだから、熟読しなければならない。これは時間のかかることなので、本ではなく論文にしたが、本（研究書）に挑戦するのもよい。読みながらノートをとることについてはすでに述べたとおりである。また、質問を書き出し、答えを探しながら読むことも学んでもらった。こうした読み方をすれば、読み終えたときには、その論文に対する何かしらの意見がでてくるはずである。これもしっかり書きとめておこう。

▶ Step 2 Summarize the Text

　課題の指示にもあるように、読んだものを要約する必要がある。論文の著者が言わんとしていることは何か。ノートをもとに簡潔にまとめよう。課題2で行ったように、論文全体の主張がつかめたところで、それぞれのパラグラフについてもその主旨を書き出しておく。それらをつないでいけば大まかな要約になるはずである。間違っても原文をそのまま写すことのないように。要約に引用は必要なく、できるだけ短く書く。この要約の部分に自分の意見を入れてしまわないように気をつけよう。

　新聞記事、論説など、どのような書き物でも、書き手はまず読み手のために必要な情報を提供している。大事なのは、そういった情報と書き手が言いたいことを区別することである。とくに論文では、いろいろと調べたことをそのまま提供しているということはなく（それだと論文にはならない）、調べたことを使いながら何かを言いたいはずであるから、それをしっかり読み取ることができれば、著者の意図を十分に理解したことになる。ということは、皆さんが書くにあたっても、要約の部分と分析の部分をしっかり分けておく必要があることが分かるだろう。

▶ Step 3 Analyze the Text

　何が書いてあるか分かったところで、今度は分析をしていく。著者は何のために論文を書いているのだろう。その目的は達成できているのだろうか。主張の根拠は十分に挙がっているだろうか。また、それらは信頼できるのだろうか。さ

第1章　英語で読む

らに、論文に説得力があるかどうかを見ていく。論理に整合性がないかもしれず、あるいはほかの資料を調べてみたところ根拠とされていること自体が間違っているかもしれない。参考文献の精査も必要になる。

　文献が多く挙がっている論文にひかれる学生は多い。「よく調べている」と言うのである（そのとおり、だから自分が書くときに「参考文献は二つもあればいいですかね」と教員に聞くようなことはしないように）。また表やデータが挿入されていれば、挙がっている数字を絶対と信じ、説得されがちである。鵜呑みにせず、一つ一つ丁寧に調べていく姿勢を学ぼう。言及されている出典をたどってみると存在しないなどということもある。あってはならないことである。批評を書く準備をする課題をあえて入れたのは、このような丹念な読みが必要なときもあることを分かってもらえればと考えたからである。

▶ Step 4 Evaluate the Text

　批評なのだから、最終的な目標は論文を評価することである。読者を想定して、ある特定の読者にとっては有益で、ほかの読者にとってはそうでもない、といった評価もあるだろう。あるいは、著者について、ほかにも論文や研究書を出版しているのか、その分野で認められている研究者なのか、つまりそのテーマの論文を書くにふさわしい人物であるのか、といったことを検討する。評価をするには基準が必要で、読者や著者以外にも、同じ分野のほかの研究との比較が有益である。論文が明らかにしている目的——その分野でまだ試みられていない「隙間」を埋める、あるいはいままでの研究では不十分なところを補う、など——を達成できているのか、といった点を見ていくと批評になる。

　以上は、「アクティヴ・リーディング」の復習でもある。ざっと読む（レベル② inspectional reading）だけでなく、分析しながら読む（レベル③ analytical reading）ことが求められている。レベル④はさまざまな（同じ分野の）本を読み比べていくことであるから、このアクティヴ・リーディングはまさにライティングにつながる。この課題では、熟読してノートをとり、考えをまとめるまでは行うが、実際に批評を書くのは次の章にしよう。映画批評の課題がある。以下5では、学んだアクティヴ・リーディングを利用してフィクションを読む課題に挑戦してもらう。

5 小説を読もう
Reading Fiction

　20年くらい前から発信型の英語を教えることが求められ、とくに、文学作品を読ませ訳させるような授業形式は「古く」、「使える英語」からはほど遠いと批判されるようになった。しかし、ライティングを教えるうちに、「読まない」学生がいかに「書けない」かを痛感し、リーディングを授業に取り入れるようにしている。とはいえ記事や論説ばかりで、英語で創作をさせるわけではないため、小説や詩を読むことは避けていた。ところが、こういった書き物に触れることは、語学習得のうえでも、教養を学ぶうえでも、実はとても役に立つ。「読む」にはさまざまなレベルがあることはすでに述べたとおりである。書き込みをしたり、ノートをとったり、読み返したり、分析したり、意見を述べたり、といったアクティヴ・リーディングは、フィクションにおいても変わらないのだから、一連の作業の練習にもなる。

ACTIVITY 6

Analyzing Poetry

Read the following poem two or three times. Write down your reaction to the poem. In a group share your comments.

　英語で詩を読むなんて「ありえない」と思うだろうか。「無理」と言う前にまず読んでみてほしい。意外と楽しい（と思ってくれることを願っている）。

▶ Step 1　Scan then Read the Poem

　まずは読む。すでに学んだように、最初にざっと読み、それから線を引いたりコメントを入れたりしながらじっくり読んでいく。頻繁に辞書を使うようなことはせずに、分からない語句には下線を引くなどする。また、読んでいて気づいたことや感じたこと、疑問に思ったこと、などはメモしておこう。余白に書いてし

第1章　英語で読む

まってかまわない。何度も読むうちの一度は声に出して読むことも試そう。リズムや韻など紙面では見出せなかったことに気がつくこともある。

▶ Step 2 Write a Paragraph (an Analysis)

自分なりの解釈を試みる。ひとりよがりでも何でもかまわない。読者に向かって書かれているのだから、読み手として自由な解釈をしてかまわない。「書くことがない」と詰まってしまった場合は、「これはどういうことだろう」、「どうしてそう言えるのだろう」などの質問項目をつくり、それらに対して「こういうことではないか」、「こういう理由が考えられるかもしれない」など、自分なりの回答を試みることによって分析をしてみよう。

▶ Step 3 Share Your Observation/Analysis

5人くらいのグループに参加して、書いておいた分析を紹介する。ほかの学生がまったく違う解釈をしていることに驚くこともあるだろう。いろいろな受け取り方があってかまわない。なぜそう思ったのか説明できればよいのである。分からなかった部分や、疑問に思った点についても話し合ってみよう。そうすることによって詩の理解が深まり、ひとつの詩に幾重もの意味がありうることが見えてくる。

▶ Step 4　 Think about the Context

最後に、詩が書かれた時代の社会背景や文化的コンテクスト、詩人について、などを調べてみよう。そういった情報が分かった時に、詩の意味合いは違ってくるのだろうか。課題で取りあげている詩人ポール・ローレンス・ダンバー (Paul Laurence Dunbar) はアメリカのオハイオ州出身。詩は1902年に出版されている。ダンバーはアフリカ系アメリカ人で、詩はキューバ戦争における黒人部隊について書いたものだった。背景になることがらを学びながら、さらに理解を深めよう。

THE CONQUERORS.
THE BLACK TROOPS IN CUBA.

ROUND the wide earth, from the red field your valour has won,
Blown with the breath of the far-speaking gun,
    Goes the word.
Bravely you spoke through the battle cloud heavy and dun.
Tossed though the speech toward the mist-hidden sun,
    The world heard.

Hell would have shrunk from you seeking it fresh from the fray,
Grim with the dust of the battle, and gray
    From the fight.
Heaven would have crowned you, with crowns not of gold but of bay,
Owing you fit for the light of her day,
    Men of night.

Far through the cycle of years and of lives that shall come,
There shall speak voices long muffled and dumb,
    Out of fear.
And through the noises of trade and turbulent hum,
Truth shall rise over the militant drum,
    Loud and clear

Then on the cheek of the honester nation that grows,
All for their love of you, not for your woes,
    There shall lie
Tears that shall be to your souls as the dew to the rose;
Afterward thanks, that the present yet knows
    Not to ply!

—Paul Laurence Dunbar, *Lyrics of the Hearthside* (1902)

第1章　英語で読む

ACTIVITY 7
Reading a Story for Discussion

Read the following short story by Grace King and complete the worksheet. Do this individually. Then in a group of about 5 students discuss the story. At the end of the discussion, as a group you will give the story a title.

　読書を薦めても、忙しい大学生はなかなか読もうとしない。ましてや小説となれば、なおさら読む気が起こらないだろう。それでもあえて課題では短編小説を取りあげることにした。皆さんの反応はいかに。どの作品を読むかといったことも、本来であれば学生主体で決めるべきだろう。そこで、ここでは読書会を行うことを提案したい。この課題を通して学んだことを、今後に生かしてもらえれば。読書会は、まず、どれくらいの頻度で集まるのか、一回にどれくらいの時間を費やすのか、どのような本を読むのか、などを決めておかなければならない。一度走り出せば続くものと思いたいが、それは皆さんしだいであろう。

　この課題は、目的を明確にするために、あえて小説のタイトルを削除して、グループで議論しながら、ふさわしいものを考案する、とした。

　リーディングに慣れ親しむには原文を数多く読むことが大事で、そのための教材としては、オックスフォード大学出版局のOxford Bookworms Club Reading Circlesが、語彙のレベルが平易なものから難しいものまであり、大学生に使いやすい。読んだテキストについてディスカッションをする際のやり方も明快で、グループ内の各学生がそれぞれ役割を担い (Discussion Leader, Summarizer, Connector, Word Master, Passage Person, Culture Collector)、役目にそって準備をする。ディスカッションでは、その報告をすることで誰もが発言をする機会を持ち、そこから活発な議論になることが期待される。

▶ Step 1　Form a Reading Group

　4、5人ずつのグループに分かれてディスカッションを行う。必ず準備をしてく

ること。進行役としてディスカッション・リーダーをおいてもよいが、あらかじめ決めておくと、ほかの学生が準備を怠ることもあるため、その場で決めることにする。

▶ Step 2 Take Notes

すでに述べたことの繰り返しになるが、読むときは必ず書き込みをしたり、ノートをとったりしよう。また、質問項目をできるだけ多く準備する。当然ながら、「はい」「いいえ」のように簡単に答えられるものではなく、小説の理解につながるような質問を考える。登場人物、筋書き、構造など、さまざまな角度から見てみよう。そして、作者が伝えたいことは何かを考えて書きとめておく。

▶ Step 3 Discuss the Story

ワークシートと、ノートに書きとめたことをもとに小説について議論してみよう。ディスカッション・リーダーは、すべてのメンバーが発言できるよう気をつける。なお、メンバーが個人の経験を語り過ぎないよう、つまり小説とは関連しないことにディスカッションが向かってしまわないように注意したい。個人的な感想に終始しないためには、時代背景や作家についてなどを調べておくと、議論に深まりが増す。

▶ Step 4 Draw a Conclusion

小説の分析が十分にできたところで——たいていは誰も話すことがなくなったとき——漠然と終わるのではなく、必ず結論を出すようにしよう。もちろん全員の意見が一致するとは限らないが、作者の意図、そしてそれがきちんと伝わっているのかどうかといった判断はしたい。この課題では、作品にタイトル（おそらく作家の主旨が込められている）をつけることになっている。

（ヒント：10語以内）

第1章　英語で読む

Activity 7 Worksheet

1) Write some of the questions you came up with and would like to ask others in the group.

　　_____
　　_____
　　_____

2) What is the writer trying to say in the story (main theme)? Did the writer succeed?

　　_____
　　_____
　　_____

3) What do you think would be a suitable title for the story?

　　_____
　　_____
　　_____

Background Information I Found

5　小説を読もう

BY
GRACE KING

SHE was coming down on the boat from Cincinnati, the little convent girl. Two sisters had brought her aboard. They gave her in charge of the captain, got her a state-room, saw that the new little trunk was put into it, hung the new little satchel up on the wall, showed her how to bolt the door at night, shook hands with her for good-by (good-bys have really no significance for sisters), and left her there. After a while the bells all rang, and the boat, in the awkward elephantine fashion of boats, got into midstream. The chambermaid found her sitting on the chair in the state-room where the sisters had left her, and showed her how to sit on a chair in the saloon. And there she sat until the captain came and hunted her up for supper. She could not do anything of herself; she had to be initiated into everything by some one else.

She was known on the boat only as "the little convent girl." Her name, of course, was registered in the clerk's office, but on a steamboat no one thinks of consulting the clerk's ledger. It is always the little widow, the fat madam, the tall colonel, the parson, etc. The captain, who pronounced by the letter, always called her the little con*vent* girl. She was the beau-ideal of the little convent girl. She never raised her eyes except when spoken to. Of course she never spoke first, even to the chambermaid, and when she did speak it was in the wee, shy, furtive voice one might imagine a just-budding violet to have; and she walked with such soft, easy, carefully calculated steps that one naturally felt the penalties that must have secured them—penalties dictated by a black code of deportment.

She was dressed in deep mourning. Her black straw hat was

49

第1章　英語で読む

trimmed with stiff new crape, and her stiff new bombazine dress had crape collar and cuffs. She wore her hair in two long plaits fastened around her head tight and fast. Her hair had a strong inclination to curl, but that had been taken out of it as austerely as the noise out of her footfalls. Her hair was as black as her dress; her eyes, when one saw them, seemed blacker than either, on account of the bluishness of the white surrounding the pupil. Her eye-lashes were almost as thick as the black veil which the sisters had fastened around her hat with an extra pin the very last thing before leaving. She had a round little face, and a tiny pointed chin; her mouth was slightly protuberant from the teeth, over which she tried to keep her lips well shut, the effort giving them a pathetic little forced expression. Her complexion was sallow, a pale sallow, the complexion of a brunette bleached in darkened rooms. The only color about her was a blue taffeta ribbon from which a large silver medal of the Virgin hung over the place where a breastpin should have been. She was so little, so little, although she was eighteen, as the sisters told the captain; otherwise they would not have permitted her to travel all the way to New Orleans alone.

　Unless the captain or the clerk remembered to fetch her out in front, she would sit all day in the cabin, in the same place, crocheting lace, her spool of thread and box of patterns in her lap, on the handkerchief spread to save her new dress. Never leaning back—oh, no! always straight and stiff, as if the conventual back board were there within call. She would eat only convent fare at first, notwithstanding the importunities of the waiters, and the jocularities of the captain, and particularly of the clerk. Every one knows the fund of humor possessed by a steamboat clerk, and what a field for display the table at meal-times affords. On Friday she fasted rigidly, and she never began to eat, or finished, without a little Latin movement of the lips and a sign of the cross. And always at six o'clock of the evening she remembered the angelus, although there was no church bell to remind her of it.

5 小説を読もう

She was in mourning for her father, the sisters told the captain, and she was going to New Orleans to her mother. She had not seen her mother since she was an infant, on account of some disagreement between the parents, in consequence of which the father had brought her to Cincinnati, and placed her in the convent. There she had been for twelve years, only going to her father for vacations and holidays. So long as the father lived he would never let the child have any communication with her mother. Now that he was dead all that was changed, and the first thing that the girl herself wanted to do was to go to her mother.

The mother superior had arranged it all with the mother of the girl, who was to come personally to the boat in New Orleans, and receive her child from the captain, presenting a letter from the mother superior, a facsimile of which the sisters gave the captain.

It is a long voyage from Cincinnati to New Orleans, the rivers doing their best to make it interminable, embroidering themselves *ad libitum* all over the country. Every five miles, and sometimes oftener, the boat would stop to put off or take on freight, if not both. The little convent girl, sitting in the cabin, had her terrible frights at first from the hideous noises attendant on these landings—the whistles, the ringings of the bells, the running to and fro, the shouting. Every time she thought it was shipwreck, death, judgment, purgatory; and her sins! her sins! She would drop her crochet, and clutch her prayer-beads from her pocket, and relax the constraint over her lips, which would go to rattling off prayers with the velocity of a relaxed windlass. That was at first, before the captain took to fetching her out in front to see the boat make a landing. Then she got to liking it so much that she would stay all day just where the captain put her, going inside only for her meals. She forgot herself at times so much that she would draw her chair a little closer to the railing, and put up her veil, actually, to see better. No one ever usurped her place, quite in front, or intruded upon her either with

第1章 英語で読む

word or look; for every one learned to know her shyness, and began to feel a personal interest in her, and all wanted the little convent girl to see everything that she possibly could.

And it was worth seeing—the balancing and *chasséeing* and waltzing of the cumbersome old boat to make a landing. It seemed to be always attended with the difficulty and the improbability of a new enterprise; and the relief when it did sidle up anywhere within rope's-throw of the spot aimed at! And the roustabout throwing the rope from the perilous end of the dangling gang-plank! And the dangling roustabouts hanging like drops of water from it—dropping sometimes twenty feet to the land, and not infrequently into the river itself. And then what a rolling of barrels, and shouldering of sacks, and singing of Jim Crow songs, and pacing of Jim Crow steps; and black skins glistening through torn shirts, and white teeth gleaming through red lips, and laughing, and talking and—bewildering! entrancing! Surely the little convent girl in her convent walls never dreamed of so much unpunished noise and movement in the world!

The first time she heard the mate—it must have been like the first time woman ever heard man—curse and swear, she turned pale, and ran quickly, quickly into the saloon, and—came out again? No, indeed! not with all the soul she had to save, and all the other sins on her conscience. She shook her head resolutely, and was not seen in her chair on deck again until the captain not only reassured her, but guaranteed his reassurance. And after that, whenever the boat was about to make a landing, the mate would first glance up to the guards, and if the little convent girl was sitting there he would change his invective to sarcasm, and politely request the colored gentlemen not to hurry themselves—on no account whatever; to take their time about shoving out the plank; to send the rope ashore by post-office—write him when it got there; begging them not to strain their backs; calling them mister, colonel, major, general, prince, and your royal highness, which was vastly amusing. At night, however, or when the little convent girl was not there, language flowed in its natural curve, the mate swearing like a pagan to make up for lost time.

The captain forgot himself one day: it was when the boat ran aground in the most unexpected manner and place, and he went to work to express his opinion, as only steamboat captains can, of the pilot, mate, engineer, crew, boat, river, country, and the world in general, ringing the bell, first to back, then to head, shouting himself hoarser than his own whistle—when he chanced to see the little black figure hurrying through the chaos on the deck; and the captain stuck as fast aground in midstream as the boat had done.

In the evening the little convent girl would be taken on the upper deck, and going up the steep stairs there was such confusion, to keep the black skirts well over the stiff white petticoats; and, coming down, such blushing when suspicion would cross the unprepared face that a rim of white stocking might be visible; and the thin feet, laced so tightly in the glossy new leather boots, would cling to each successive step as if they could never, never make another venture; and then one boot would (there is but that word) hesitate out, and feel and feel around, and have such a pause of helpless agony as if indeed the next step must have been wilfully removed, or was nowhere to be found on the wide, wide earth.

It was a miracle that the pilot ever got her up into the pilot-house; but pilots have a lonely time, and do not hesitate even at miracles when there is a chance for company. He would place a box for her to climb to the tall bench behind the wheel, and he would arrange the cushions, and open a window here to let in air, and shut one there to cut off a draft, as if there could be no tenderer consideration in life for him than her comfort. And he would talk of the river to her, explain the chart, pointing out eddies, whirlpools, shoals, depths, new beds, old beds, cut-offs, caving banks, and making banks, as exquisitely and respectfully as if she had been the River Commission.

It was his opinion that there was as great a river as the Mississippi flowing directly under it—an underself of a river, as much a counterpart of the other as the second story of a house is of the first; in fact, he said they were navigating through the upper story. Whirlpools were holes in the floor of the upper river, so to speak; eddies were rifts and cracks. And deep under the earth, hurrying toward the subterranean stream, were other streams, small and great, but all deep, hurrying to and from that great mother-stream underneath, just as the small and great overground streams hurry to and from their mother Mississippi. It was almost more than the little convent girl could take in: at least such was the expression of her eyes; for they opened as all eyes have to open at pilot stories. And he knew as much of astronomy as he did of hydrology, could call the stars by name, and define the shapes of the constellations; and she, who had studied astronomy at the convent, was charmed to find that what she had learned was all true. It was in the pilot-house, one night, that she forgot herself for the first time in her life, and stayed up until after nine o'clock. Although she appeared almost intoxicated at the wild pleasure, she was immediately overwhelmed at the wickedness of it, and observed much more rigidity of conduct thereafter. The engineer, the boiler-men, the firemen, the stokers, they all knew when the little convent girl was up in the pilot-house: the speaking-tube became so mild and gentle.

With all the delays of river and boat, however, there is an end to the journey from Cincinnati to New Orleans. The latter city, which at one time to the impatient seemed at the terminus of the never, began, all of a sudden, one day to make its nearingness felt; and from that period every other interest paled before the interest in the immanence of arrival into port, and the whole boat was seized with a panic of preparation, the little convent girl with the others. Although so immaculate was she in person and effects that she might have been struck with a landing, as some good people might be struck with death, at any moment without fear of results, her trunk was packed and repacked, her satchel arranged and rearranged, and, the last day, her hair was brushed and plaited and smoothed over and over again until the very last glimmer of a curl disappeared. Her dress was whisked, as if for microscopic inspection; her face was washed; and her finger-nails were scrubbed with the hard convent nailbrush, until the disciplined little tips ached with a pristine soreness. And still there were hours to wait, and still the boat added up delays. But she arrived at last, after all, with not more than the usual and expected difference between the actual and the advertised time of arrival.

There was extra blowing and extra ringing, shouting, commanding, rushing up the gangway and rushing down the gangway. The clerks, sitting behind tables on the first deck, were plied, in the twinkling of an eye, with estimates, receipts, charges, countercharges, claims, reclaims, demands, questions, accusations, threats, all at topmost voices. None but steamboat clerks could have stood it. And there were throngs composed of individuals every one of whom wanted to see the captain first and at once: and those who could not get to him shouted over the heads of the others; and as usual he lost his temper and politeness, and began to do what he termed "hustle."

"Captain! Captain!" a voice called him to where a hand plucked his sleeve, and a letter was thrust toward him. "The cross, and the name of the convent." He recognized the envelop of the mother superior. He read the duplicate of the letter given by the sisters. He looked at the woman—the mother—casually, then again and again.

The little convent girl saw him coming, leading some one toward her. She rose. The captain took her hand first, before the other greeting, "Good-by, my dear," he said. He tried to add something else, but seemed undetermined what. "Be a good little girl—" It was evidently all he could think of. Nodding to the woman behind him, he turned on

第1章　英語で読む

his heel, and left.

One of the deck-hands was sent to fetch her trunk. He walked out behind them, through the cabin, and the crowd on deck, down the stairs, and out over the gangway. The little convent girl and her mother went with hands tightly clasped. She did not turn her eyes to the right or left, or once (what all passengers do) look backward at the boat which, however slowly, had carried her surely over dangers that she wot not of. All looked at her as she passed. All wanted to say good-by to the little convent girl, to see the mother who had been deprived of her so long. Some expressed surprise in a whistle; some in other ways. All exclaimed audibly, or to themselves, "Colored!"

It takes about a month to make the round trip from New Orleans to Cincinnati and back, counting five days' stoppage in New Orleans. It was a month to a day when the steamboat came puffing and blowing up to the wharf again, like a stout dowager after too long a walk; and the same scene of confusion was enacted, as it had been enacted twelve times a year, at almost the same wharf for twenty years; and the same calm, a death calmness by contrast, followed as usual the next morning.

The decks were quiet and clean; one cargo had just been delivered, part of another stood ready on the levee to be shipped. The captain was there waiting for his business to begin, the clerk was in his office getting his books ready, the voice of the mate could be heard below, mustering the old crew out and a new crew in; for if steamboat crews have a single principle,—and there are those who deny them any,—it is never to ship twice in succession on the same boat. It was too early yet for any but roustabouts, marketers, and church-goers; so early that even the river was still partly mist-covered; only in places could the swift, dark current be seen rolling swiftly along.

"Captain!" A hand plucked at his elbow, as if not confident that the mere calling would secure attention. The captain turned. The mother of the little convent girl stood there, and she held the little convent girl by the hand. "I have brought her to see you," the woman said. "You were so kind—and she is so quiet, so still, all the time, I thought it would do her a pleasure."

She spoke with an accent, and with embarrassment; otherwise one would have said that she was bold and assured enough.

"She don't go nowhere, she don't do nothing but make her crochet and her prayers, so I thought I would bring her for a little visit of 'How d' ye do' to you."

There was, perhaps, some inflection in the woman's voice that might have made known, or at least awakened, the suspicion of some latent hope or intention, had the captain's ear been fine enough to detect it. There might have been something in the little convent girl's face, had his eye been more sensitive—a trifle paler, may-be, the lips a little tighter drawn, the blue ribbon a shade faded. He may have noticed that, but— And the visit of "How d' ye do" came to an end.

They walked down the stairway, the woman in front, the little convent girl—her hand released to shake hands with the captain—following, across the bared deck, out to the gangway, over to the middle of it. No one was looking, no one saw more than a flutter of white petticoats, a show of white stockings, as the little convent girl went under the water.

The roustabout dived, as the roustabouts always do, after the drowning, even at the risk of their good-for-nothing lives. The mate himself jumped overboard; but she had gone down in a whirlpool. Perhaps, as the pilot had told her whirlpools always did, it may have carried her through to the underground river, to that vast, hidden, dark Mississippi that flows beneath the one we see; for her body was never found.

—from *Balcony Stories* (1893)

第 2 章

英語で書く

高校ですでにパラグラフ・ライティングを学んだことがあるという学生も増えている。なんといっても、ライティングの基本はここにある。主旨を伝えるトピック・センテンスとそれを証するいくつかの文章という構成さえ覚えれば、パラグラフだけではなく、どんな長いものでも書けるはず、なのだから。

　「最初に言いたいことを書いて、あとでそれを証明していくだけ」というのは、分からなくはないだろう。ところが、なぜ「言いたいことを最後までとっておく」ではいけないのか、「起承転結」の何がいけないのか教えてくれない。だから、いくら英語のライティングは「構成さえしっかりしていればよいのだから簡単」と説明されても判然とせず、実際にはそんなふうに書かれていないのでは、と疑ってみたくもなるだろう。そこで、この章では、パラグラフ・ライティングではなく、もっと身近な手紙や新聞記事を書くことから始めることにしよう。

　手紙は目的が明らかで、とくにビジネス・レターは限られた文字数で正確に、また明確に書くことが求められている。新聞記事も、新しい情報を分かりやすく、読者を意識しながら発信しなければならない。ジャーナリズムの書き方は、論理的に書くという英語ライティングの構成に合致する。こういったライティングをいくつかこなしながら、主旨を冒頭で伝える大切さ、最初のパラグラフが果たす役割、具体例を多く挙げる必要性、新しい情報を提供する意図、などを学んでいこう。

1 手紙を書こう
Writing Letters

　中学や高校の授業でも英作文に取り組むことはあっただろう。英検などの試験でも、ライティングが求められる。それでも、英語は不得意ではないのに、書くのは苦手という学生もいる。文法理解が怪しいために正確な文章が書けない、語彙力が足りないために文章に深まりがない、といった問題もあろうが、目的を持たずになんとなく書いていることが、ライティングを難しくしている原因であることが多い。つまり、スキル習得が漠然とした目的となってしまい、個々の作業の目的を見失っているのである。手紙を書くという課題は、目的を明らかにすることによって、より正確にして明確、そして効果的なライティングを実践するものである。友人にあてた電子メール、といったくだけた設定ではあまり意味をなさない。

　以下の課題に挑戦する前に、英文レターの書き方の基本を次頁の例で確認しよう。

　まず、返信用の住所、日付、宛先（相手の部署名や名前が分かっていれば含める）、などを必ず入れる。本文に関しては、三つの役割がある。(a) のイントロダクションでは、なぜ手紙を書いているのか明らかにする。相手の情報をどこで得たのかについても書くと親切である（HPから、新聞広告を見た、など）。(b) は重要な本題。ここでは入試要項・願書の請求となっている。できるだけ具体的に書くようにする。(c) のコンクルージョンでは、対応への謝辞を述べておく。「お返事お待ちしています」と書けば、返信を期待していることがより明確になる。

第2章 英語で書く

Formal Letter

P. O. Box 3033
Atlanta, GA 30302 USA   (1) *return* address

July 1, 2015   (2) *date*

International Center
Hiyoshi University
2-15-45 Mita, Minato-ku
Tokyo, 108-8345 Japan   (3) *inside address*

Dear Sir or Madam: (4) *salutation*

I am interested in studying Japanese at your school next year. I would like to study as a full-time exchange student from the US. (*a*)

Please send me an application form and any other information I need to apply as a foreign student. (*b*)

Thank you for your help. I look forward to hearing from you.

(*c*)   (5) *body*

Sincerely yours,   (6) *closing*

                      (7) *signature*

Akiyo Okuda   (8) *typed name*

1 手紙を書こう

ACTIVITY 1
Writing a Job Application Letter

Type a letter of application following the example. Try to be persuasive explaining <u>why you are suitable</u> for the job.

Classified Ads

Fuji Law Firm
Front Desk Receptionist/Assistant

We are looking for a front desk receptionist/assistant. You would perform:

General reception duties
- Greet clients as they come in.
- Answer telephone calls, take messages and schedule appointments.

General clerical duties
- Organize mails.
- Take notes during various discussions.
- Draft and type memos, letters, documents, etc.
- Review all bills and make payments.

Experience is important. Preferably someone who has worked in a law office before.
Technology skills, especially with Microsoft Office programs required.
Please get in touch by writing to Mr. Masami Ito at the firm.

Sales Manager

Saeki Apparel is seeking a Sales Manager to oversee the Woman's Store (Women's Clothing, Accessories and Shoes).

Job Summary: Managing sales with a focus on customer service. Building and leading sales teams. Requires flexible schedule including nights and weekends.

Must have bachelor's degree from a four-year college/university. 2-3 years experience in sales required.
Please apply to the Personnel Office.

63

第2章　英語で書く

　応募の手紙を書くという課題である。まず、英字新聞などに掲載されている求人広告を探してみよう。そして、そのうちの一つに応募する手紙を書く。その際、面接の希望を伝え、そのリクエストが叶うように、自己PRをしっかりすること。手紙はA4サイズ1枚以内におさまるようにする。

▶ Step 1　State Your Purpose

　まず、なぜ手紙を書いているのかを明示する。ビジネスに携わる人はみな忙しい。だから、手紙の最初で目的をはっきりさせる。「○○新聞△月△日付の求人広告を見て□□の職に応募しています」のように書くと、手紙の読み手も対応しやすい。求人広告などが出ていない場合は、なおさら詳しくどの部署のどの仕事に興味があるのかはっきりと伝える必要がある。

▶ Step 2　Write in Detail

　いよいよ本文である。ここでは何を書くべきだと思うかと聞けば、「なぜその仕事をしたいのかを書く」と返ってくることが多い。実際、学生の書くエッセイはこういう傾向のものが多い。例えば、留学に応募する際に提出する志望動機のエッセイ。「なぜ留学がよいことなのか」長々と述べられている。しかし、「留学がためになる」ことは選考する側は分かっている（だから募集している）。

　同じようなことがこの課題についても言える。「仕事をしたい人」はたくさんいるし、そもそもそういう人しか応募していない。であれば目的は明らかである。自分を売りこむこと、である。どうして自分が選ばれるべきなのか、どんなすばらしい特徴、役に立つ技能を持っているのか、などを明確にする。同じように応募している人たちとどう違うのか、を示すことが大事なのである。その違いは具体例から示す。

　求人広告を読むと、どのような人材を求めているのか、どのような資格があるとより好ましいのか、など詳しく書かれていることが多い。つまり、応募するほうも、そういった資格や特技などについて触れながら、いかに自分が最も相応しいのかアピールする必要がある。また、固有名詞、数字を挙げながら、できるだけ詳細に書けば書くほど相手を説得できる。「似たような仕事をした経験があります」と書くのと、「○○会社の△△部で働いていました」と書くのでは説得力が違う。数字にしても、例えば「10年働いていました」と入れれば、重みを

増す。

▶ Step 3　Make Your Request Clearly

　自己PRを終えたところで、次に相手に何をしてもらいたいのかを明らかにする。会ってもらいたいのであれば、「面接をしていただきたい」とハッキリと書く。履歴書を同封する場合はそのことも伝える。漠然と「連絡をしてほしい」と書くよりも、例えば、手紙をフォローする形で、「今週後半にお電話させていただきます」と書くほうが、相手も対応がしやすいだろう。

▶ Step 4　Conclude Your Letter

　手紙の場合、結びのことばはだいたい決まっているので書きやすい。お礼を述べるほか、「お返事お待ちしています」といった文言になろう。手紙をこのような結びなしで、つまり未完成で、送ることはありえない。それなのに、学生のライティング、とくにライティングの試験では結び（コンクルージョン）のないものが多い。「えっ、最後がないくらいで、こんなに得点下がるんですか」と聞かれるが、当たり前である。途中までしか書いていない手紙を相手に送らないのと同じように、終わっていないエッセイで採点してもらおうというのは「無理」なことと思ってほしい。

　この「手紙を書く」の課題で学んでもらいたいことは、①構成（イントロダクション→ボディ→コンクルージョン、それぞれの役割）と、②具体性の重要さ、だけではない。③正確であること、を忘れてはならない。どんなに自己PRが詳しく書けていても、スペルの間違いや簡単な文法ミスがあれば、手紙の信頼性は一気に損なわれてしまう。面倒でも読み返しは必須である。短時間で書くことが求められているときは、必ず見直しの時間を確保しておく。

　欲を言えば、文章の工夫もすべきだろう。短い文章を並べるのではなく、少し長めになるように心がけ、せっかく高校で学んだ従属節があるような文章などを取り混ぜる。難しい単語も使ってみる。一つの課題に5つくらい新しく学んだ語彙を入れたいものである。次頁には手紙のサンプルと、その後に履歴書のサンプルを入れておいた。

第2章 英語で書く

Job Application Letter Sample

> 4-1-1, Hiyoshi, Kohoku-ku
> Yokohama, 223-8521 Japan
>
> July 1, 2015
>
> Human Resources Department
> Mita Insurance Company
> 2-15-45 Mita, Minato-ku
> Tokyo, 108-8345 Japan
>
> Dear Sir or Madam:
>
> I am writing this letter in answer to your advertisement in the *Tokyo Daily* of June 30. I believe I am well qualified for the position of office assistant.
>
> I have worked at another insurance company, and thus I can search and retrieve data using a computer, prepare insurance forms, and calculate the amount of claims. Moreover, I studied accounting at Keio University. One of my strongest points is my solid work ethic; I am a dedicated and reliable worker.
>
> As requested, I have enclosed a copy of my résumé with this letter. I would like to arrange an interview with you to discuss my application in more detail. I will call you next week.
> .
> I look forward to speaking with you about this employment opportunity.
>
> Sincerely,
>
>
> Keiko Saeki
>
> Enclosure

1　手紙を書こう

Résumé Sample

Masami Ito
4-1-1 Hiyoshi, Kohoku-ku
Yokohama, 223-8521 Japan
(045) ×××-××××
itomasami@aizu.jp

CAREER OBJECTIVE
  Sales Management: An entry-level position in the travel industry

EDUCATION
  Keio University, Tokyo   B.A.—Commerce, 2012
  Keio Shiki High School, Saitama Diploma, March 2008

WORK EXPERIENCE
  Sales Assistant   April 2010 to present
                     M & M Shoe Store, 1-1 Motosumiyoshi, Yokohama

  Stock Clerk   April 2009 to March 2010
                     Same as above

SKILLS
  Typing: 50 w.p.m.
  Language: Spanish
  Computer: Microsoft Word

REFERENCES
  References will be furnished on request.

第2章　英語で書く

> ### ACTIVITY 2
> # Answering a Complaint Letter
> With your group mates read the following letter of complaint and write a reply (as Robert Taylor).

　手紙の受取手 (Mr. Taylor) になったつもりで、苦情の手紙に返信を書くという課題である。グループで45分を目安に書きあげよう。
　グループ・ライティングに違和感を持つかもしれない。しかし、意見交換をしながら書く、という作業はとても大事である。この課題は、どのような「言い訳」をするかみんなで考えるところから始める。かなり具体的に書かないと相手に納得してもらえそうになく、つまり誠意が伝わらない、という最初の課題で学んだことを思い出してほしい。どの理由が、いちばん説得力が高いかは議論していくうえで見えてくる。まさにブレインストーミングである。また、「返信」なのだから、「こんなことは書いたら失礼だよね」「これは必要なさそう」などと相手を思い浮かべながら考えてみよう。
　議論が白熱してくると、書く作業がおろそかになってしまうことがある。グループ・ライティングは、必ず制限時間内に終わらせよう。タイム・キーパーを決めておくのもよい。「限られた時間で書く」ことの大切さもぜひ感じてほしい。どんなにすばらしいスキルを持っていようとも、結果が出せなければ意味がない。大学を卒業して実際に英語を使うときに、一通の手紙を何時間もかけて書くようでは「使えない」と思われかねない。短時間で正確に、が基本なのである。

❯ Step 1　State the Purpose

　まず、手紙を受領したことを知らせる。このような出来事があったことを手紙で知らせてくれたことに謝意を述べる。そして、苦情に対して謝罪をするのであれば、はっきりと最初の段落でその意思を伝えることが大事である。

1　手紙を書こう

Helen Wilson
11 Main Street
Southtown, VA 22222

August 31, 20__

Mr. Robert Taylor, Administrator
Southtown Nursing Home
Southtown, VA 22233

Dear Mr. Taylor:

Although I am generally happy with the service you provide, I must bring to your attention an incident that occurred last week. On August 27, my mother, Edith Wilson, fell from the bed and suffered a concussion. The doctor who diagnosed her reminded us that it could have been a life threatening situation. I would like a full investigation into how the incident happened and why it took the staff two hours to take my mother to the nearest hospital.

First of all, my mother should not have tried to go to the washroom unattended. She said no one came to look after her the entire morning until 11:00 when the accident happened. While she pressed the call button several times, no nurse responded. She then decided to go on her own, and as she tried to get up holding on to the railing, she fell with her head down.

What is even more disconcerting is that according to Ms. Washington who stays in the room next to my mother's, none of the staff responded to my mother's call for help. Obviously my mother was in pain and Ms. Washington tried using her call button to alert the nurse station, but it was almost an hour before someone came. As if that was not enough, it took a nurse another hour before taking my mother to the hospital.

As I said, I find the staff at the nursing home generally helpful. However, I am outraged by the lack of care on that occasion. I would appreciate your looking into this matter to ensure that no such incident would be repeated again in the future.

Yours truly,

Helen Wilson

第2章　英語で書く

▶ Step 2　Write in Detail

　このような苦情を読むと、どう思うだろうか。「とにかく謝ればいいんですよね」と言う学生もいれば、「非は認めないほうがいいでしょうか」と聞いてくる学生も。「謝り方」＝「書き方」がこの課題で問われていることで、どうすれば誠意の伝わる手紙になるか考えてみよう。「理由を書かないといけない」と思いつけば、「担当介護師が欠勤した」、「施設の医師が不在だった」といった理由や、何か出来事を挙げて「緊急に対処すべきことがあった」、なども浮かんでくる。ただし、災害や大きな事故であればニュース報道もあろうし、わざわざ苦情の手紙など書かないはずなので、一般市民が知り得なかった事情を具体的に書くようにしよう。「救急車を呼んだけれども来てもらえなかった、やむを得ず施設の車で対応した」、など。「スタッフの教育不足」などの反省点を挙げてもよいだろう。

▶ Step 3　Illustrate Solutions Clearly

　誠意を示すためには、書き手が実際に何を行ったかをアピールすることも大事である。実際に何が起こったのか調査をした、スタッフから事情を聞いた、などである。具体的に書くためには、調査が何よりも重要なのである。聞き伝えではなく、自らインタビューをするなど一次資料を集められれば、なおさら説得力も増す。このことは論文を書くときにも大事になるので、ぜひ覚えておいてもらいたい。

　さらには、どのような対策をしたのか、あるいは今後どう対応するつもりなのか、も書く必要がある。将来の展望（今後）は、調べたことをもとに語れるもので、Aという問題が見つかったから、それに対してBという対策をする、と書きたいものである。その際は、現実的な解決策を考えよう。できそうにもないことを書けば、納得してはもらえないからである。

▶ Step 4　Conclude the Letter

　苦情の手紙の返信は大抵、上記のようなパターンで書く。①受領確認とお詫び → ②事情の説明 → ③今後の対策 → ④結び、となる。最後には、もう一度お詫びのことば、あるいは問題を指摘してもらったことへのお礼を述べる。「それって最初と同じじゃないですか」と思うかもしれない。そのとおり、最後は最初の繰り返しに過ぎない。ただし、こちらのほうが短い。イントロダクション

は、目的を明らかにするため、より詳しく書く必要がある。受け取った手紙に対する回答であること、いつ起きたどんな出来事に対するお詫びであるのか、などを明らかにしなければならないが、最後には必要ない。

二つの課題を終えたところで、英語ライティングの基本がある程度は理解してもらえただろうか。段落分けした構成、イントロダクション・コンクルージョンの役割、具体的に書く、などである。謝罪の手紙にスペルや文法上の間違いなど簡単なミスはありえない（誤字脱字だらけの謝罪文ほど誠意が感じられないものはないだろう）。そろそろ、そういったミスは絶対にしないように気をつけるということも浸透してきただろうか。

Group Writing

どんなライティングの教科書にも準備過程 (pre-writing) の重要性が書かれている。まずはアイディアをいくつも生成し (brainstorming)、それからそのアイディアを整理して構成を考える (outlining)。理想である。だが、現実に実行する学生は少ない。

「まずいろいろなアイディアを考えて、それらをしっかり揉んでから、論点を絞り込んで、全体の構成を練って、書き始めるのはそれから」と言っても、課題を与えればすぐに文章を書き始める。書きながら考えて、なんとなく終わらせてしまうのである。「ただでさえ短い時間で英文を書かないといけないのに、そんなことに時間を費やしていたら終わらなくなる」と思っているのではないか。

「そんなこと」がいちばん大事であることを分かってもらうために、グループワークにする。自分の意見をどんどん言う場であるから、意味を伝えやすい日本語になってしまってもある程度はやむを得ない（もちろん、ここも英語にすれば、文章にする際いちいち訳さなくて済む）。議論も含めて45分を想定しているため、30分で書くようにしよう。必ず制限時間内には終わらせるようにする。

第2章　英語で書く

> ### ACTIVITY 3
> # Writing an Advice Letter
> Read the following letter seeking advice and write a reply. In <u>one paragraph</u> suggest what "Undecided" should do.

Dear "Advice",

I am a third year high school student and am trying to decide which college to apply to. I have always wanted to go to a private university far from home. My other choice is a public university but also far away and I cannot commute to the school from home. Mother says I should apply to the universities closer to home, but I cannot find schools I really want to attend. Perhaps Mother is concerned about the steep tuition of the private school. Father says money is not an issue, and that I should apply to any college I wish. I have two younger brothers still in middle school. Am I being selfish? Should I listen to Mother and only send applications to the schools closer to home? I need help.

—Undecided

　人生相談のコラムニストになったつもりで、相談の手紙に返信を書く、という課題である。この課題もグループでやってみよう。身近なテーマを扱うと議論はおのずと活発になる。日本の学生は議論ができないとよく言われるが、そんなことはない。普段から考えているようなことがトピックとなればいくらでも意見が述べられる。自分や周りの人の体験をもとに、具体例をたくさん挙げることができるからである。上記の相談内容以外に、子どもの携帯（SNS）依存に悩む親からの相談など、ほかの手紙を想定してもかまわない。
　次のような流れにはまってしまわないよう気をつける。いろいろなアイディアを

出しながら、いちばん良さそうなものを選ぶ、という作業をしているはずなのに、一人が何か提案すれば「それいいね」とそのアイディアになんとなく落ち着いてしまう。それではブレインストーミングにはならない。グループ内の全員がまずそれぞれの考えを述べるようにしよう。先に時間をとって、各自がアドバイスをメモしておくのもよいだろう。それをもとに意見を出し合うということもできる。お互いの意見を聞こうとする姿勢さえあれば、議論は必ずできる。

いくつものアイディアが出たところで、どれが相談者に対するアドバイスとしていちばんふさわしいか決める。字数に制限があるため、なんとなくたくさん書くわけにはいかない。的確に書くという目的は、最初の二つの課題と同じではっきりしている。違うのは、「○○するとよいでしょう」と意見を述べないといけないところである。それも、いくつか考えられる意見からたったひとつを選ばなければならない。

これは、自分はこう思うという主張を打ち出す練習でもある。3では論文を書いてもらうが、立場をとることを敬遠する学生も多い。議論の分かれるテーマを扱う場合、どちらの立場も理解できる、と結論を濁してしまう。では、このアドバイスはどうか。「どちらもいいよね」という回答では相談者は困ってしまう。もちろん、もっと親や先生と相談すべきという回答もあるかもしれないが（相談できないから投稿していそうなものである）、いずれにしても、主張は明確にし、どうしてそうすべきなのか理由をしっかり書かないといけない。限られたスペースで相手が納得するように意見を述べる、というのがこの課題のポイントになる。

▶ Step 1　State your Purpose

まず、相手の抱えている問題を整理しておく必要がある。相談者は進学先をどうすべきか、どこの大学に出願すべきか、決めかねている。とくに、親のアドバイスに従うべきか悩んでいる。この問題を、家から遠い私立の大学あるいは地元の公立大学のどちらかを選ぶものと捉えて、片方を薦めるのであれば、「○○の大学を受けるべき」と最初に書いておくと分かりやすい。出願にはお金がかかるのだから、「いろいろと受けてみたら」といった無責任なアドバイスはしない。

第 2 章　英語で書く

❯ Step 2　Write in Detail

いくつかのポイントに分けて書く。例えば県外の私大を選んだ場合、県内の公立大を選んだ場合、あるいは三番目の選択肢として県外の公立大あるいは県内の私大もあるかもしれない、というのをケースごとに説明すると分かりやすい。その際、比較ができるように、「経済的な側面」、「将来的な側面」、「家庭の側面」などそれぞれのポイントのなかで同じ項目を扱うとより明確になる。

❯ Step 3　Conclude the Letter

提案をした後は、簡単に終わらせる。余計なことは書かない。

　この課題のポイントは、アドバイスをする、つまり意見を述べることであるが、もうひとつ、短めの文章で簡潔に書くことも大事である。例えば、有名なアン・ランダーズ (Ann Landers) の人生相談コラムのアドバイスは短い——文章にして3～5文だろうか。もちろん、どんなに短いものでも、相手にメッセージが伝わることを心がける。相手を意識することは、次章のスピーチにもつながる。

Taking Writing Tests

　とてもまじめな学生がTOEFLやIELTSなどのライティング・セクションで得点が伸びない、と相談しに来ることがよくある。普段はじっくりと時間をかけて書くために、短時間で終わらせないといけない試験では、考えていることの半分くらいしか書けなかったり、ひどい場合は数行で止まってしまったり、という学生もいる。

　「具体的に詳しく書かなければ」という気持ちが災いしてしまうのかもしれない。しかし、どんなに時間が足りなくとも、必ずコンクルージョンの段落を入れるようにしよう。一文でもかまわない。授業でも、制限時間内に終わらせる訓練となるように、授業内ライティングを多く取り入れるようにしている。

　ライティングの授業を受けていながらその得点が伸びない学生には、もうひとつ要因がある。問題をよく読まない、つまり問いに答えていないのである。ある論点について賛成か反対か問われているのか、両方の立場についてそれぞれ詳細に述べることが求められているのか、あるいはその影響を論じるよう指示されているのか、しっかりと見極めてから回答すべきところ、トピックだけを見てそのまま、思いのままに書いてしまう。

　試験なのだから、聞かれていることに回答しなければ、得点があがるはずもない。そして、その答えがエッセイの主旨となるのだから、イントロダクションでもコンクルージョンでも、しっかりと述べてもらいたいものである。

第2章　英語で書く

2 記事を書こう
Writing News Articles

　手紙が書けても、アカデミック・ライティングができるようにはならないのでは、と不安に思うかもしれない。しかも、長さに制限のある手紙だけを書いていても、長い論文が書けるようになるとは思えない、と。しかし、明確な目的をもって書く、できる限り具体的に書く、というのはライティングの基本なのである。こういったことができなければ、次のステップに進めない。次に大事なのは、課題3で試みた「主張」である。主張を明確にさせるには、新聞記事を書いてみるのが有効となる。

ACTIVITY 4
Writing Headlines

Study the front-page headlines in a newspaper. Notice how most contain 10 words or less. Write a headline that reflects the content of each news story below.

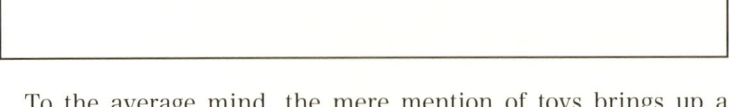

　To the average mind, the mere mention of toys brings up a picture of a Teddy bear, and it is a fact that this remarkable little animal has led the procession for the past year, and is still marching along at the head of the line. Sales have been enormous, and for a long time it was impossible to get the goods fast enough.

　There is an inclination in some quarters to regard the Teddy bear as a fad which will run the usual course of a fad and then disappear. On the other hand, it is the opinion of those well qualified to judge of such matters, that bears will become staple toys for children, selling steadily from year to year. The bear is to the boy what the doll is to the girl; it is a pleasing, attractive plaything which cannot injure the youngest child.

The growth of the toy trade in this country during the past few years has been simply phenomenal. It is hardly more than fifty years ago that the first toy factory was established in this country, and now there are nearly a thousand concerns making toys, games, and other articles for the amusement of children.

Of course, the greatest part of the retail business in toys is done at the Christmas season, but dealers are gradually waking up to the fact that a good and profitable business can be done all the year round; children need to be amused at all times, and every child that has a Christmas celebration has a birthday.

From having been a neglected and despised department, looked after by anybody who could find time, the toy department has become one of the most important in the modern store, and its value as a trade producer is becoming more and more appreciated.

(29 July, 1907)

Two of the prizes created under the terms of the will of Alfred Nobel, the Swedish engineer and chemist, will be awarded respectively to Prof. Finsen of Denmark, for discovering the light treatment for lupus, and Prof. Pavloff, the Russian physiologist, for his researches in nutrition.

第 2 章　英語で書く

> Alfred Nobel, the Swedish chemist and expert in high explosives, died at San Remo, Italy, on Dec. 9, 1896. He left personalty valued at $2,170,465. About half the estate went to relatives, and the remainder was to be invested, the interest to be divided into five parts, and to be used as awards for those persons adjudged to have done the most "for the benefit of humanity" during the preceding year.
>
> The various Swedish academies award the prizes, with the exception of that for the propagation of peace. This is awarded by a committee of five persons elected by the National Parliament.
>
> (13 August, 1901)

　見出しを削除した新聞記事に、どのような見出しが入るかを考えるという課題である。見出しなのだから記事の内容が分かるようにしなければならないが、さらに10語以内で書くこと、というルールが課されている。

　3、4人のグループでやってみよう。個人の課題にすると、あまり深く考えずに思いついたことをそのまま書いて終えてしまうことが多く、ライティングでぜひ徹底してもらいたいブレインストーミング (pre-writing) が無視されてしまいがちだからである。まずは新聞記事をじっくりと読んで、その内容にあった見出しを、意見を出し合いながら考えてみよう。実にユニークなアイディアを持っている仲間がいることを発見してほしい。

▶ Step 1　Avoid the Use of "?" or "!"

　この課題でよく見かけるのは、？マークや！マークのついた疑問文。「テキサスでUFO目撃か？」「天才テニス少女現れる！」などである。しかし、考えてほしい。普段読んでいる新聞の見出しに？や！はついているだろうか（念のため、週刊誌は対象外）。滅多におめにかからないだろう。では、なぜついていないのだろうかと聞くと、「自信がなさそうに見える」、「事実でないと言っているようなもの」といった回答がよく返ってくる。

　リーディングで学んだように、いかに公平に信頼性の高い記事を書いている

か、ということが重要で、疑問文では役目を果たせない。では、なぜおどろきマークはだめなのか。ほんとうに人を驚かせたいのなら、文章力と語彙力でそうするよう努力してほしい。インパクトのあることば、書き方があるではないか。「英語の授業なのに…」という不平も聞こえてきそうなものだが、ここでは英語だけではなく、書くこと、を学んでほしいのである。

▶ Step 2 Write in a Complete Sentence

さて、課題の記事は「テディベア」と「ノーベル賞」に関するものである。しかし、このトピックだけでは見出しにならない。「単語一つ、二つではね」、と皆さんも思うだろう。では、「全国学力テスト」のような名詞句はどうだろう。"Junior High National Standardized Test"と英語で書けば、なんだか立派な見出しに見えてくる。しかし、見出しの役割は、単なるトピックの「提示」ではなく、リーディングの章で試みた「要約」のほうが近い。だから、10語以内の文章にして記事の要約となるようにする。

▶ Step 3 Clarify the Main Idea

新聞記事は最初の段落が全体の要約だと前の章に書いてあったのでは、と思い出した人は素晴らしい。そのとおりである。なぜ見出しもまた要約なのか。そしてなぜきちんとした文章なのか。これは、その文章が記事の「伝えたいこと」＝主旨だからである。先ほどの「全国学力テスト」はトピックであり、伝えたいことにはならない。"National Standardized Test Scores Must be Utilized with Care"などと書けば、全国学力テストに対する書き手の意見が伝わる。

事件を報道する記事であっても、"M5 Earthquake Hits Kanto Area"とあれば、何が起きたか一目瞭然である。"Japanese Prime Minister is Headed for a Big Victory"とあれば、選挙で与党が圧勝することが分かり、"Soccer Fans Are Once More Disappointed by the National Team"とあれば、サッカーの日本代表が負けてしまったことが読み取れる。

課題の記事が伝えたいことが何かを考えてみよう。1907年に書かれた記事はテディベアについて何が言いたいのか、1901年に書かれたノーベル賞については何だろう。記事を最後までしっかり読んで見出しを書こう。

第 2 章　英語で書く

　見出しを書くことは、何が言いたいのか記事や論文全体の主旨を明確にすることにつながる。アカデミック・ライティングでは、パラグラフの最初に疑問文を持ってこないように、イントロダクションの最後を疑問文で終えてはいけない、などと習うだろう。それは、この見出しと同じで、そういった文章は「言いたいこと」＝主旨を伝える機能を果たさないといけないからで、疑問文ではその役目を果たさない。

> **ACTIVITY 5**
> ## Writing a Newspaper Article
> Write an imaginary news article. You may fabricate facts (statistics, quotations, etc.). Make sure the first paragraph gives all the basic information.
> *In each group, assemble articles into a newspaper.

　新聞記事を書くという課題である。実際に足を使って情報を収集するには時間がかかるため、ここでは、架空の情報を使って新聞記事を書いてもらう。Who, What, When, Where, Why (5Ws) といった最低限の情報を最初の段落に入れ、そのあとは重要な情報から順番に書いていく。政治、社会、文化、スポーツなど記事の種類は問わないが、一面の記事であることを想定する（それなりの長さを書いてもらいたいからである）。

▶ Step 1　Decide on the Topic

　「○○大統領、遊説中に襲われる」、「宇宙人との対話はじまる」、などショッキングな記事ほど読んでいておもしろい。グループワークにすることも可能で、その場合はそれぞれのグループごとに新聞名をつけ、壁新聞のように模造紙に全員（5人程度）の記事を貼って完成させるようにすると、記事のバラエティが増える。担当を決めることで、科学技術に関する記事や音楽に関する記事なども含まれるようになる。

▶ Step 2　Write the First Paragraph

　最初の段落で最低限の情報を提供する、というのをまず徹底したい。いきなり物語風に始まり最後までその感じという記事をたまに見かけるが、Who, What, When, Where, Why (5Ws) が不明瞭なものは読みづらい。忙しい人は、すべての記事を詳しく読むわけではなく、最初の段落だけを拾い読みする。もっと忙しい人は見出しだけ。どんな読者にも対応できるようにするのが編集者の役割（課題では全員が編集者）となる。紙面が足りないようであれば、記事のカットをする。実際の編集者と同じく、後ろから削っていく。記事は重要度が高いと思われる情報順に並べてあるはずなので、後ろから縮めていけば、なんの支障もないはずなのである。

▶ Step 3　Write Objectively

　最初に主旨を明らかにしたところで、次は本文を詳しく具体的に書いていく。実際の新聞記事を真似て、証言であれば必ず複数入れたり、議論が分かれるような出来事であれば両方の立場の専門家の引用を含めたり、などして書いていく。「わたしはこう思う」といった文章は出てくる余地はない。新聞記事は「客観的」であるべきだから。もちろん、すでに学んだように「傾き」はある。

▶ Step 4　Build Your Credibility

　この課題は架空の出来事を扱ってはいるが、リサーチの形跡を見せないといけない。というのも、リーディングの章で学んだように、裏づけの有無こそが評価のポイントとなる。数字を入れることはもちろん、目撃証言や○○大学教授など専門家のコメント、警察など公的機関の発表などを、広くたくさん載せた記事は信頼される。お互いに書いたものを読んでみれば、信憑性の高い記事ほど高く評価したくなることが分かるだろう。記事だけでなく、クラスで一番読み応えのあった新聞を選ぶ（新聞名やレイアウトなどを含めて総合的に評価）のもおもしろい。

第2章　英語で書く

> **ACTIVITY 6**
>
> ## (A) Writing an Editorial
>
> A newspaper editorial expresses an opinion on a certain issue, current or controversial. Usually it is assumed to be the opinion of the periodical. Write an editorial on a topic you find important for the society. Make sure to back your opinion with facts and evidence.

　新聞にも立場を表明し主張をする場がある。社説欄である。「記事を書こう」では、明確に論理的に、そして読者に分かりやすく書くことに重点を置いてきたが、次の「論文を書こう」につなげることを目的に、この課題ではある立場をとって意見を述べてみよう。なお、社説が難しいと思われる場合は、以下課題Bの投書 (Letter to the Editor) を書いてみよう。社説を読んでそれに対して意見を述べる投書は、個人の考えなので書きやすい。

　この課題はグループではなく個人で取り組む。実際の新聞社の社説は、社内で議論したうえでのものであり、同じようなステップを踏むことが理想的と言える。しかし、短時間の準備で実りある議論を期待するのは難しい。そのテーマについてグループのメンバー全員がそれなりの知識を持っていなければ議論にならず、その場合はそれぞれ下調べの期間が必要となるからである。もちろん、個人で書くにしても難しい。社説は新聞社の立場表明と捉えられるため、リサーチをすることはもちろんのこと、さまざまな資料を読んだうえで慎重に書くことが求められている。根拠となるデータもなく、なんとなく思ったことを書くことは避けなければならない。

▶ Step 1　Select a Topic

　まずはトピックを決めることから始める。これが意外に難しい。よく「論文のテーマは何にすればいいですか」という質問を受ける。答えは決まっていて、「自分が興味を持っていることにしなさい」となる。そう言われて困ってしまう学生も多い。スポーツや音楽に興味を持っているとする。でも、そんなトピックを

選べばアカデミックではない、と怒られてしまいそうな気がして、ついほかの授業で話題となっている「死刑制度」、「選挙区制度」などで書くことにしてしまう。ところが、テーマが大きすぎて扱いきれず、後になって後悔する。

　社説で考えてみよう。課題の指示にもあるように、まず話題になっていること（current）が挙げられる。そのトピックは社会にとって、あるいは人びとの将来に関わって、とても重要、となっている。例えば、議論を呼んでいるもの（controversial）が考えられる。賛成か反対か、どちらかの立場をとることができるトピックである。86頁の例を見てみよう。1921年アメリカヴァージニア州の新聞に掲載されたこの社説は、首都リッチモンドにトロリーバスが登場した、という話題になっているトピックを扱い、さらに、賛否両論あるバス導入について、肯定の立場で書いている。

　上記の「死刑制度」や「選挙区制度」は、こう考えてくると「ふさわしい」トピックとなる。学生はよく「先生はこのトピックでかまわないって言っていたのに…」と愚痴るが、取りあげるにふさわしいことは間違いない。問題はその「大きさ」なのである。社説をよく読んでほしい。ここでは、ただトロリーバスの是非について書いているのではなく、リッチモンド市に導入すべきかを論じている。限られた紙面で漠然とトピックを扱ってしまえば、立場を表明する社説としては機能しなくなってしまう。

▶ Step 2　Write the Introduction

　社説の書き方は、次に学ぶ論文の書き方に似ている。サンプルの社説の最初の段落＝イントロダクションを見てみよう。「目的を明確に」、「全体の要約をする」、といったこれまで学んできた分かりやすい出だしとは違い、リッチモンド市に試験的にトロリーバスが導入され、多くの市民が乗車をしたことが述べられている。トピック選びでも分かるように、社説は読者がすでに興味を持っていそうな、何かしら意見もありそうな話題を扱っている。ここでは、読者のなかにもこの新しい公共交通手段を試した人がいるであろうことを想定して書かれている。リッチモンドがアメリカで最初に路面電車を導入したことについても言及しながら、読者の気をひく始まりになっている。

　そしてイントロダクションの最後に、"Will the trolley bus succeed?" とトロリーバスが利益をうむビジネスとなるかどうか読者に問いかけたうえで、「そうな

第2章　英語で書く

らない理由はない」と意見を述べている。

このようにイントロダクションでは、読者の興味をそそるような出だしで（手紙であればわざわざ気を引く必要はないが、社説のような記事であれば読者の目を引きたい）、終わりには必ず言いたいことを書く。例では、トロリーバスは成功する、とハッキリ書いてある。導入が試されている段階なのだから反対の意見もあろう。本文のいくつかの段落で、なぜそう言えるのか詳しく説明している。人生相談の課題にもあったように、ここでも「どちらの立場も理解できる」「どちらとも言えて選ぶことは難しい」という漠然とした書き方はしていない。社説の目的が、意見を述べることであることを忘れないでほしい。

▶ Step 3　Support Your Ideas

例に戻ろう。本文の最初の段落（イントロダクションの次の段落）では、トロリーバスの長所を既存の路面電車などと比較しながら述べている。欠点として指摘されている、直進はよくても上手く曲がることができないという点についても、実は可能であると説明する。次の段落ではコストについての不安を、具体的な数字を出して払拭する。これだけ明確に書けるのは、裏づけがあるから＝調べているからである。

予測される反論にも対応している。トロリーバスが路面を悪くし、そのためリッチモンド市から追加の課税を受けることもありうる（採算が合わなくなる可能性がある）ことを認めたうえで、道が悪いのは乗り合い馬車（jitney）が原因でもあると訴える。欠点はトロリーバスだけに言えることではなく、公共交通に共通する問題だとすることで、想定される意見に反駁している。

そして最後に、レールを敷くコストを考えれば、その必要のないトロリーバスこそ市民に安い交通手段を提供してくれるものなのだと意見を述べて（繰り返して）終わる。

つまり、本文では意見の根拠をいくつも述べないといけないのである。よくあるライティングの「失敗」は、本文でトピックの背景となる情報を提供してしまう、といったもの。例でそのような情報はどこにあるのか探してみよう。アメリカで最初の試み、という言及はイントロダクションにあって本文ではない。ほかの都市ではまだトロリーバスが導入されていないからリッチモンド市でぜひ、というのは根拠にはならないだろう。根拠はやはり、その利便性、快適さ、経済

的であること、などになる。

▶ Step 4　Organize Your Ideas

　流れを整理してみよう。①背景となる情報の提供、意見の主張／立場の表明 → ②主張の根拠の列挙 → ③結論、となる。この結論（コンクルージョン）はたいてい独立したパラグラフとなるが、サンプルの社説（原文のまま）にはそれがない。ただし、最後にもう一度主張を繰り返している。別の段落にはなっていなくとも、コンクルージョンの役割を果たす文章がきちんとある。

　鋭い読者は、「ちょっと待って、議論が二つに分かれる場合、両方の立場を明らかにすべきでは」と思うだろう。そのとおり、賛成・反対双方の主張を挙げておく方がフェアだろう。このフェアであるかどうかというのは、説得力に関わってくる。片方の意見だけを一方的に述べれば、反対意見があることを知らないのではないか、あるいは無視しているのだろうか、と書き手に対する信頼性が失われかねないのである。

　サンプルを読んでみると、トロリーバスに対する批判的な意見についても言及している。広い道をまっすぐに走るのはともかく曲がるのが苦手、乗り心地が悪そう、追加課税などによって乗車賃が高くなりそう、といった意見である。それらを挙げながら一つ一つ否定するという構成で書かれている。社説を書くうえで、この反対意見について触れる（両方の立場を明確にする）という点も覚えておくとよいだろう。

第 2 章　英語で書く

Editorial

July 18th, 1921

THE TRACKLESS TROLLEY WILL SUCCEED

During the two weeks the trackless trolley bus has been in operation on Floyd Avenue, some thousands of Richmond people have ridden on it. Most of those who entered the bus must have wondered if they were not repeating an experiment as interesting as that of Nov. 7, 1887, when a group of Richmond men climbed aboard the first American electric car. It was fitting that the first American trolley should appear in Richmond, as the first electric car did; it was natural that the public should ask, "Will the trolley bus succeed?" There seems to be no reason why it should not.

On smooth paving, even without pneumatic tires, the trolley runs as smoothly as the average street car. The trolley bus can be stopped as easily as can an automobile and in less space than is required to bring a one-man car to a halt. The problem of diverting the trolley bus from a straight line has been solved. The bus now in use can be steered nine feet four inches on either side of the overhead wires.

Operating costs are computed at slightly less than 18 cents per mile, as compared with nearly 28 cents for a gasoline bus of like capacity. Tire costs are included, and are guaranteed not to exceed 1 cent per bus-mile.

If the seats are well-cushioned, the comfort of passengers on smooth-paved highways can be assured without pneumatic tires. Whether the solid tires will do more or less injury to the road-bed than would pneumatics is part of the larger question upon which, in all likelihood, the success of the trolley bus depends.

That question is whether the damage to the street paving by the operation of a trolley is sufficient to justify the city in imposing special taxes on the company to pay for the renewal of the streets. If the injury is serious, then the imposition of paving taxes might make the trolley unprofitable. The present condition of Grove Avenue indicates that the jitney traffic is adding to the wear-and-tear of the road-bed. Consequently, if the trolley bus is taxed for the damage to the streets, the jitney also must contribute. It may be added for the reassurance of those who dread the appearance of the trolley bus on residential streets that the noise made by the bus now in use is far less than that made by the average motor truck.

Perhaps the greatest reason for believing that the trolley bus will succeed is that this or some other cheap form of urban transportation is very much needed. If transportation is to be afforded the public, the outlay must be reduced; it cannot be reduced in any way materially as by eliminating the $60,000 a mile that must be spent to lay tracks; the only type of car that can operate without tracks is some such type as that of the trolley bus.

ACTIVITY 6

(B) Writing a Letter to the Editor

Write a letter to the publication (newspaper or magazine) expressing your opinion on an issue that affects your society.

背景となる情報、主張の根拠、両方の立場、などと言われれば、「え？　それってリサーチしないとダメじゃない？」と思うだろう。そのとおり、リサーチをしないで意見は述べられないのである。しかも、そのリサーチとはちゃちゃっとネット検索することを指すのではない。良さそうなサイトを見つけて、そこから情報をすべて引っぱってくるようでは、受け売りどころか剽窃になってしまう。そのようなことは絶対にしないでほしい。リサーチの時間がない場合はこの課題のBにチャレンジしよう。投書である。

❯ Step 1　Use Your Experiences

こちらは、調べたことではなく、自身の体験をもとに意見を述べればよい。具体例なしにライティングができないことは、この時点では十分に理解してくれているだろう。調べることができないなら、身近な具体例として、体験が有効な

のである。「そんな経験はないし」と思うかもしれないが、周りの人のこと、友人のこと、テレビで観たこと、など何でもかまわない。普段からさまざまな本を読んだり、いろいろな人と話をしたりしていると、投書ひとつを書いても深みが出せる。ぜひ日頃から情報を得るアンテナを張ってほしいものである。

　サンプルの投書を見てみよう。実際にトロリーバスに乗った体験が書かれている。とても快適であったことが綴られているだけでなく、不動産業に携わる者として、市が拡大していくに伴いこのような安い交通手段が肝要であると思う、というそれなりに信頼できる意見が述べられている。なぜ自分はそう思うのか、きちんと説明することが、このような投書では大事なのである。この課題を、新聞の記事や社説を読んだうえで、それに対する自分の意見という形で書いてみよう。

　論文を実際に書く際に、「体験からそう言える」と理由づけしようとする学生が必ずいるが、いかに客観性に乏しいか、この投書欄の課題を思い出してほしい。こういう体験談は、リサーチとは違うのである。

▶ Step 2　Write the Headline (One-Sentence Summary)

　投書にも見出しがついている。サンプルでは、"This new system should be solidly backed by every real estate agent in Richmond." と文章になっている。すでに、記事の内容を要約した文章が見出しである、と説明したが、意見を述べる投書でも、その主張が見出しの文章となっている。ここを "The New Trolley System" のようなフレーズにしてしまわないように気をつけよう。それでは何を言いたい投書なのか分からなくなってしまう。Aの社説ももちろん、主張を簡潔に表した文章が見出しになっている。"The trackless trolley will succeed." という見出しを読めば、新しい交通手段に対して肯定的であることがすぐに分かるのである。

Letter to the Editor

This New System Should Be Solidly Backed by Every Real Estate Agent in Richmond

About 9 o'clock last evening I had a business matter taking me within a few squares of Robinson and Floyd Avenue, and thought while in that neighborhood I would inspect the new trolley bus.

Although it was well filled and most of the standing room taken, your conductor found a place for me and was very careful in explaining the start and stop methods which were operated like an automobile.

There was no start or stop jerk, no noise, and the riding was decidedly pleasant and smooth, and I can see no reason why this new system of transportation should not be backed solidly by every real estate agent in Richmond, as it is the most modern, economical method for developing suburban territory that I have seen, and will be the greatest booster for hard surfaced roads in every direction from out of the city, if only a narrow strip.

There cannot be any more objections to a trolley bus running on our residential streets than the large automobiles.

O. S., July 14, 1921.

Using Experiences

ライティングのテストの際にも上記の「体験」が役に立つ。具体的に書かないといけないけれど、30分あるいは40分などと限られた時間ではリサーチは不可能。そこで、投書のように経験をもとに書くのである。「経験」とは必ずしも自分のことではなく、周囲の人や、テレビや新聞からの情報でもかまわないが、その際、「あるテレビ番組で紹介されていたように」といった一文を入れるとよい。そういう習慣をつけておくと、剽窃とは無縁の書き手となれる。

第2章　英語で書く

3 論文を書こう
Academic Writing

　いよいよアカデミック・ライティングである。アカデミック・ライティングはリサーチ・ペーパーとも呼ばれ、つまりリサーチ重視のライティングということである。裏づけがなければ主張もないことはすでに述べた。

> **ACTIVITY 7**
> ## Writing a Paragraph
> 　Write a definition paragraph that defines or explains something. For instance, define a term or concept that is very important in what you study, such as "presumed innocence" or "gerrymandering." Include the following information: a sentence defining the term, when it was introduced, why it is important, and how it influences our society.

　ライティングの教科書・手引書はたくさんある。その多くが分かりやすい（はずの）パラグラフ・ライティングから始まる。ひとつのパラグラフではひとつのアイディアについて書く。パラグラフのいちばん最初で言いたいことを述べ（これをトピック・センテンスと呼ぶ）、本文ではなぜそう言えるのか具体的に説明する。なるほど、と思う。ところが、そのあとに、パラグラフにはいろいろな種類——例えば ① narrative paragraph、② descriptive paragraph、③ process paragraph、④ definition paragraphなど——と説明が続くと混乱してくるのではないだろうか。

　もちろん、それぞれがどのようなものか理解できないわけではないだろう。最初の例はつまり「物語」のパラグラフで、例えば昔話を要約したようなものだと分かる。2番目の例は、例えば料理の手順など何かのやり方を書くときに便利だと分かる。問題は、そういったパラグラフとアカデミック・ライティングがどう

関係するのかが不透明なのである。論文を書けるようになりたい、と思っているのに、物語を書いてみましょう、と言われればやる気をそがれてしまうだろう。

　パラグラフ ①〜④ を、先ほど学んだ社説にあてはめて考えてもらいたい。いったいどこでこういった「書き方」を必要とするだろう。導入部分はどうだろうか。背景となる情報を入れると読者にとても親切であるとすれば、論文を書くときに歴史的背景 (narrative paragraphの書き方)、システムの説明 (process paragraphの書き方)、定義づけ (definition paragraphの書き方) などがあるとぐんと分かりやすくなる。「代替エネルギー推進」を主張するのであれば、これまでどのような対策がなされてきたのか背景を描くことは有益であろうし、「ネット投票導入」を訴える論文であれば、どのように投票が行われるのか手順の説明が有効であろう。「安楽死」が認められるべきと言うのであれば、何をもって「安楽死」というのか定義づけをする必要があるだろう。

　いろいろな「書き方」が論文のなかで役に立ちそうということは見えてきたのではないだろうか。それでも、いったいパラグラフとは何なのか、日本語で書くときの段落と何が違うのか、という疑問が残るかもしれない。確かに、言いたいことを表した (最初の) 文章とその主張をサポートする複数の文章、と言われても、必ずしもそうなっていないパラグラフも見かけるし、どういうこと？ と思うだろう。確かに言えるのは、パラグラフとは、関連する文章を集めたもの、そして、それらが関連しあうことによってあるひとつのアイディアを伝える、ということだろうか。すべての文章が最初のトピック・センテンス (＝意見) と関係すること、とも言える。いくつも意見が混在しないこと、関連しないことに言及しないこと、が大事となる。

▶ Step 1　Brainstorm for Ideas

　ここでは "definition" のパラグラフを書くことが求められている。書き方は今まで学んできたことと同じで、まずアイディアを思い浮かべるところから始める。二つの用語が挙がっている。このような専門用語を選んで (例として挙がっている "presumed innocence"、"gerrymandering" を使ってもかまわない)、意味するところをひとつの文章で書いてみよう。百科事典で調べたことをそのまま写すのではなく、自分のことばで書くように。

第2章　英語で書く

▶ Step 2　Organize Your Ideas

　ステップ1で書いた文章は、このパラグラフの言いたいこと、になる。「○○とは一言で言えば〜である」と書いたところで、あとはなぜそう言えるのか、必要な情報を入れていく。課題には指示があり、新聞記事や社説を書いたときのように、いつからとかなぜといった背景的な情報が求められている。

▶ Step 3　Write the Paragraph

　本文=根拠と説明してきた。質問に対する回答、自分の意見、論文の主張、どんな場合でも、具体的に理由を挙げる、例を示す、裏づけをする、といったことをしなければならない。この課題では、そういったことが"How"の問いかけで指示されている。いったいその用語が示す法律・政策は、どういった影響を与えているのか（問題となっているのか、など）を書く。

▶ Step 4　Revise Your Paragraph

　「書き直し」と言われれば、誰もよい顔はしない。しかし、ここはとても大事なステップなので省略しないようにしよう。例えば、この課題の場合、どこを見直すべきだろう。最初に書いた文章はどうだろうか。トピック・センテンスは、用語の定義だった。しかし、パラグラフの最後に「Political gerrymandering used by parties to their advantages poses serious threats to democratic society.」といったようなことを書いたのであれば、最初の文章に、説明に加えて「問題となっている」といった意見を加えると、より分かりやすいパラグラフになる。つまり、最初と最後のズレがないかを確認して、それを補正するというのも書き直しの重要な役割なのである。

　書き直しのポイントは、細かい文法やスペルミスを見つけるのではなく（もちろんそういった間違いは極力減らす努力はしてほしい）、言いたいことが伝わっているかどうか、読者に分かりやすい文章になっているかどうか、そのための根拠がしっかり挙がっているかどうか、といったことになる。「何が言いたいか分からない」というのでは困ってしまう。例えば、ほかの学生に読んでもらい、「ここの部分が分かりづらい」、「この文章の意味がいまひとつ不明瞭」などの指摘を受ければ、より明確な文章に書き直せばよい。「根拠が弱い」というコメン

トがあれば、それは真摯に受けとめ、読者を納得させられていないということなのだから、より堅固な証拠を見つけるようにしたい。

> ## 📖 Peer Editing
>
> 　書き直せば書き直すほどよりよいものになっていくと言っても、「面倒」なことはやりたくない、そもそもどこを直せばよいのか分からない、という人もいるだろう。そこで、ぜひ試してもらいたいのがピア・エディティング (peer editing) である。
>
> 　グループで書くということのほかに、お互いに書いたものを読む、ということをすべてのライティング課題で行うようにしているのは、ほかの学生が書いたものから学ぶことが大きいからである。また、お互いにコメントを書いてもらうと、最初は「おもしろかった」くらいの感想になってしまうが、次第に、必要な部分とそうでない部分が見分けられるようになったり、説得力があるかどうかという意見が出るなど、クリティカル・リーディングができるようになる。さらに、書き直しのアドバイスも的確になる。慣れるまでは、以下にあるような簡単な書式を利用するとコメントがしやすい。

第2章 英語で書く

Peer Review Sample

Paragraph Evaluation

Writer: _____   Reader: _____

Rate the writing on each point:

Topic sentence is clear	Poor	Fair	Average	Good	Excellent
Topic sentence is fully supported	Poor	Fair	Average	Good	Excellent
Organization is clear	Poor	Fair	Average	Good	Excellent
Transitions are used effectively	Poor	Fair	Average	Good	Excellent
Language is clear	Poor	Fair	Average	Good	Excellent

What did the writer do most effectively?
_____
_____
_____

What should the writer pay special attention to when revising?
_____
_____
_____

General Comments (on topic sentence, supports, organization, etc.):
_____
_____
_____

3　論文を書こう

> **ACTIVITY 8**
> ## Writing a Movie Review
> Choose a movie to write a review (of about 400 words). Make sure you address the director's purpose (in making the movie), the intended audience, and the main points of the movie. You need to state whether you would recommend the movie or not.

　もうひとつパラグラフ・ライティングの課題に挑戦してもらおう。といっても、順序立てて物語るパラグラフ（Narrative Paragraph）と比較をするパラグラフ（Comparison Paragraph）の両方を取り入れて書くのだから、エッセイ分の長さになる。

▶ Step 1　Write Your Thoughts and Impressions

　ブレインストーミングになる。映画を観ながらノートをとれればよいが、終わった後に書くのでもかまわない。〜の部分が良かった、〜がよくなかった、〜がよく分からなかった、〜と思った、などの感想を書きとめておく。

▶ Step 2　Write the Introduction

　新聞や雑誌などの映画批評を読むと、最初のパラグラフ（あるいは最初のいくつかのパラグラフ、新聞記事などはそれぞれのパラグラフが短い）に重要な情報が盛り込まれている。監督や脚本家、出演俳優、音楽担当などのほかにも、どういったジャンルの映画であるか（サスペンス、ホラー、コメディ等）といった情報もある。それらを一読しただけで、その映画を観るかどうかを決める読者もいるであろうから、情報はしっかりと入れる。

　ただし、それだけでは不十分で、ここでも必ず言いたいことを伝えよう。批評全体を通して言いたいこと、一言でいえば（もちろん文章でなければならないが）どういう映画なのか。以下は1915年3月4日の『ニューヨーク・タイムズ』紙に掲載された、映画『國民の創生』（*The Birth of a Nation*）評の最初のパラグラフの最後の文章である。イントロダクションの終わりといえば、まさにその

第2章 英語で書く

主張を伝えるところ (thesis statement) となる。

> With the addition of much preliminary historical matter, it is a film version of some of the melodramatic and inflammatory material contained in "The Clansman," by Thomas Dixon.

トマス・ディクソンの小説 *The Clansman* に基づいた映画で、小説よりも時代を遡って描いているということから（小説は南部再建期を扱っている）、南北戦争に始まるメロドラマであることが分かる。そして、原作と同じく「扇情的」と評していることから、南部を題材にした人種差別的、またその差別感情を煽るような映画であることが、この一文から伝わってくる。後に続く本文で具体的になぜそう言えるのか説明していくと予測できるが、イントロダクションですでに批評家の立場（言いたいこと）が明示されているのである。

▶ Step 3　Write a Plot Summary

あらすじを書く。この部分はまさに物語 (Narrative) の書き方になる。もちろん、映画批評なのだからエンディングまで書いてしまわないように気をつけよう。あらすじとともに、映画についての説明を加えてもよい（別のパラグラフにすると分かりやすい）。製作費やキャストについてなど、次のパラグラフで分析をする際に重要となってくる情報などを入れておくと、読者にとって読みやすくなる。

▶ Step 4　Analyze the Movie

批評をする。第1章の課題5の批評 (Critique) を参考にしてほしい。論文の批評と映画の批評では、情報を与える部分などに違いがあるが、この分析部分の書き方は同じになる。

批評でよく見られるパターンは比較で、同じテーマのほかの映画（例えば同じ公民権運動を扱っている、など）、同じ監督のほかの映画、同じ主演俳優のほかの映画、などと比較する。原作があればその小説との比較も可能だろう。比較は読者にとって批評の基準が明らかになり、すでに知っていること（観た映画など）に比べてどう違うのかなどが書かれていれば分かりやすい。

また、監督（あるいは製作者）が映画をつくった目的は何かを考え、その目

的が達成できているのかどうか検討する。映画の場面を挙げるなどしながら、具体的に書いていく。メッセージが観客に伝わっているのかどうか、監督がこのような映画を撮る資格があるのかどうか、といったことを論じてもよい。娯楽映画で有名な監督が社会的な問題を取り上げたとしよう。その場合、やはりこういう映画を扱うのは無理だったのでは、といった批判もあるかもしれない。

▶ Step 5　Rate the Movie

最後に評価を下さなければならない。批評を読む人たちがどういう人か念頭におきながら、この映画を薦めるのか、薦めないのか判断する。まったく薦めないわけではないが、映画館で観るほどのものではない、という判断もあるだろう。年齢などで観客層を特定しながら、あるグループには推奨する、20代、30代の女性向け、などということもあるのでは。

ACTIVITY 9

Writing an Outline

Write a sentence outline for your final paper. Make sure to include your thesis statement.

　まずアウトラインを作成してから文章を書き始めるように、と何度も言うのだがなかなか浸透しない。テストではアウトラインの部分も採点の対象になるとまで伝えても、単語を列挙したメモ程度のものしか書かれていない。実際に書くときに役に立たなければ、アウトラインの機能を果たしていないことになる。

　アウトラインには大きく分けて二つの役割がある。ひとつは書き手にとっての設計図・工程表である。だから、論文のポイントをただ並べておくのではなく、どの資料をどこで活用し、どの順番で書いていくのか、といったことを記しておく。すべて頭のなかに入っています、と言う人もいるだろうが、あまり自分を信用し過ぎないように。誰しも忘れっぽいばかりでなく、考えがぶれてしまうもの。長い論文ともなれば、言おうとしていること（主旨）すら、ずれてしまうことがある。アウトラインは作業をする机の周囲の見えるところにぜひ貼っておきたいものである。脱線していないか、ときどき確認をする習慣をつけよう。

第2章 英語で書く

　アウトラインのもうひとつの役割は、読み手にとっての地図・案内である。どんなことがどの順序で述べられるのか、予め知っていれば理解も早い。あるいは、案内を手にしながら読み進めれば、しっかりと意図をつかむことができる。「え？　アウトラインからそんなことができますか？」と疑問に思う人がいれば、それは、そういった機能を果たしていないアウトラインしか見たことがないからだろう。ここで挙げた二つのことができていないアウトラインは作成しても意味がなく、そういったものが、アウトライン離れの原因となる。役に立つアウトラインを書こう。

▶ Step 1　Write a Thesis Statement

　主旨を伝えるthesis statement (thesisとだけ言う場合も) は、書くのがとても簡単そうに見えて、完成させるのはとても難しい文章である。これが宿題に出たとしよう。たったの一文であるから一週間もかける必要はない、と誰もが思う。授業が始まる前にササッと書いたっていい、と考える。そして、実際にそうして、後で困ることになる。必ずアウトラインと併せて書くようにしよう。全体像あっての主旨表明である。

　論文全体を通じて伝えたいこと、つまり主張、を一文で表したもの、というのがよくある説明である。そして補足として、この文章は、完結した文でなければいけない、疑問文にしてはいけない、事実を述べるものであってはいけない、などが付け足される。あれはいけない、これはいけない、と言われても、では具体的に何をどう書くべきなのか、なかなか分かりやすい説明がない。ここではすでに学んだ新聞や社説の見出し、批評のイントロダクションにあった主旨を参考にしてほしい。どれもひとつの文章で言いたいことを伝えている。

▶ Step 2　Write Main Ideas in Full Sentences

　ライティング・テストの回答方法などでは、まず主旨文 (thesis statement) を書いて、そのあとで各パラグラフのトピック・センテンスも書いておく方がよいと指導されていたりする。実際に本文を書きだす前に、全体で言いたいこと、それぞれのパラグラフでどのようにその主張をサポートするのか、といったことを決めておくと書きやすい (つまり、時間を短縮できる) というのである。とはい

え、30分という短い時間でそこまでできない、そんな余裕はない、と言う人も多いだろう。これは、普段からこういった作業をする習慣があれば、問題なくできるようになる。

その習慣こそが、ここで言う、文章アウトライン (full-sentence outline) を書くことなのである。何か課題を与えられたときに、まずアウトラインから始める。そして、そのアウトラインを単語の羅列にするのでなく文章にする。例を見ながら考えよう。100頁、101頁のアウトラインには、イントロダクションとコンクルージョンを含めていない。実際に提出するものは、I. Introduction として、II. III. IV. を本文、V. を Conclusion とするとよい。

Outline Aでは語句が並んでいるだけで、それぞれのセクションあるいはパラグラフのトピックは分かっても、何が言いたいのかは見えてこない。しかし、Outline Bでは、I、II、IIIの文章がいずれもそのセクションの主旨を表しているだけではなく、A、Bの文章がパラグラフのトピック・センテンスとしてそのまま使える。ここまで詳しく書いておけば、実際に本文を書くときは根拠を挙げていくだけになるため、作業が速くなる。また、読者にしても、詳細なアウトラインがあれば、リーディングのところで説明したように、ざっとそれを見ただけで全体像がつかめ、すぐに本文を詳しく読み始めることができる。アウトラインは必ずこういった文章でなければならない、というわけではないが、自分の考えを整理するためにも、筋が通って分かりやすい論文を書くためにも、センテンス・アウトラインを書く習慣をつけよう。

Outline A

Thesis Statement: While largely ignored by the contemporaries and forgotten by the historians, the Buffalo soldiers made tremendous contributions in the War against Indians, the Spanish-American War, and the Philippine-American War.

I. Fighting against Indians in the West
   A. After the Civil War
   B. Fighting in the West
II. Fighting for Cuban Independence
   A. Volunteers Unaccepted
   B. 9th and 10th Cavalry
      1. "Rough Riders"
      2. San Juan Hill
III. Fighting to Stop Filipino Resistance
   A. Regular Army
   B. Deserters

Outline B

Thesis Statement: While largely ignored by the contemporaries and forgotten by the historians, the Buffalo soldiers made tremendous contributions in the War against Indians, the Spanish-American War, and the Philippine-American War.

I. Buffalo soldiers fought against Indians in the West.
   A. After the Civil War, the number of black soldiers was reduced, and black troops were reorganized to form the 10th and 11th Cavalry and sent to the West.
   B. Indians in the West called the black troops "Buffalo soldiers."
II. Buffalo soldiers were sent to Cuba to fight against the Spanish.
   A. Most Southern states refused to admit blacks into their Volunteer units.
   B. The 9th and 10th Cavalry fought alongside the famed "Rough Riders" led by Teddy Roosevelt.
   C. Black soldiers were among those who charged up San Juan Hill and took it.
III. Buffalo soldiers were shipped to the Philippines to contain local resistance.
   A. Black soldiers in the Regular Army fought bravely, sacrificing many lives.
   B. Some deserted in order to show their solidarity with the "colored" locals.

▶ Step 3　Choose an Organization Pattern

　多くのライティングの教科書の説明では、パラグラフの構成の仕方が、パラグラフを複数有するエッセイの構成の仕方に適用される。パラグラフ中の主旨を表した最初の文章が、エッセイではイントロダクションになる。根拠となるいくつかの文章が、エッセイではパラグラフ。最後の言いたいことを繰り返した文章が、エッセイではコンクルージョン、というわけだ。だから、すべてのパラグラフがイントロダクションと（つまり、thesis statementと）関わっていないといけない。

　どこで新しいパラグラフを始めるべきか、もう一度確認しておこう。パラグラフを書く練習をしても、実際に論文を書いてもらうと、なぜかとてつもなく長いパラグラフをよく目にする。論文のポイントが三つあったとすると、それぞれがひとつのパラグラフでないといけない、と思うようである。しかし、ひとつのポイントのなかでも、さまざまなことを述べているわけで、話題が変わればパラグラフも変える必要がある。また、読み手のことを考えれば、長すぎるパラグラフは読みづらく、やはりどこかで改行することを考えるべきである。

　構成パターンもアウトラインの段階で考えておく。例えば、ある主張をしてなぜそう言えるのか根拠を挙げていくというパターン。議論が分かれるトピックを取り上げて賛成あるいは反対の立場をとり、その理由を列挙する。あるいは、新しい政策導入を訴え（いくつかの選択肢のなかから選ぶ）、やはりその根拠を示す、などである。

Organization Patterns

　すでに書いたように、パラグラフにはいくつかの書き方のパターンがある。これは単独のパラグラフについても、パラグラフを複数集めたエッセイについてもあてはまる。ひとつのパターンだけで書くこともあるが、いくつかを織り交ぜて使うことも多い。

　例えば、ダイアナ・ハッカー（Diana Hacker）のライティング・マニュアル *Rules for Writers* では、具体例を挙げていく（illustrative）、時間を追って物語る（narrative）、詳しく描写をする（descriptive）、手順を説明する（process）、定義づけをする（definition）といった書き方以外に、比較をする（comparison and contrast）、因果関係を示す（cause and effect）なども挙げられている。

　比較をする（類似点あるいは相違点を挙げていく）というのは簡単に見えるかもしれないが、何のための比較なのかを明確にしないと、全体の主旨から外れてしまう。例えば日本の育児休業のシステムをフランスのそれに倣って改革すべきというときに、両方の違いをまず指摘することは意味があろう。そうした後に、違うところを改善していくべきと書くのである。それが、比較すること自体が目的となってしまい、まずは類似点を挙げて、となってしまえば、日本の育児休業システム改善という主旨からは逸れてしまう。

　原因と結果のパターンも書きやすそうに見えて、実はそう簡単に直線的に結びつかないため難しい。ある現象の原因が一つ、二つに明確に断定できることは少なく、いくつもの要因が複雑に影響しあっている、ということのほうが多い。

　構成のパターンを知ることも有益ではあるが、ここではパラグラフやその集合体である論文とは何かをしっかり学んでもらい、あえてパターンごとの説明や課題は入れていない。

第 2 章　英語で書く

> **ACTIVITY 10**
>
> ## Using Quotations
>
> (a) Think when it is best to use a quotation and when to use a paraphrase of the researched materials (from books, magazines, newspapers, or other published sources).
>
> (b) Write a paragraph with quotations. Use the passage below.
>
> History, the most accessible of the humanities thanks to its narrative tradition, has even generated its own television empire. Beginning in 1995 as a single channel, History, now with a variety of specialized channels, reaches more than 91 million homes in the United States. The offerings have also expanded around the world, available in over 130 countries and more than 230 million TV households. The shows on History, as on public television, the Discovery Channel, and elsewhere, draw liberally from the ranks of academic historians, either as advisers or as onscreen presences, and reflect the broadened range of subjects embraced by professional historians over the last half century.
>
> (Edward L. Ayers, "Where the Humanities Live," 33)

▶ Step 1　Decide When to Use Quotations

　引用の課題である。ライティングの教科書には必ず「引用の仕方」といったセクションがある。引用をどのように挿入するかというフォーマットに関する説明で、"According to" などの導入を示すフレーズで始めるとか、ピリオドは引用符のなかに入れるとか、引用の後にはかっこ内で出典を明らかにするなどと書いてある。いずれも大事な情報で、学生も「なるほど」と思う。ところが、なぜ引用をするのか、どういった場合に引用すべきか、といったことは書かれておらず、そのせいか引用のやり方は分かっても、引用をまったくしない、あるいはパラグラフ全体が引用になってしまう、あるいは論文が引用だらけになってしまう、

という困った論文をよく見かける。ここで引用の目的について考えてみよう。

　引用は、他人の文章をそのまま論文に挿入するということである。ということは、入れすぎれば当然ながら論文の流れが悪くなる（文体が変わってしまうと読みづらい）。そして、論文の3分の1以上が引用などとなれば、それはもはや他人の書いたものになってしまい、どんなに引用符をつけて出典を明らかにしても、剽窃と変わりない。

　では、どんなときに引用するのだろう。読者の気をひくやり方のひとつとして「引用をする」とあった。論文の最初や最後にインパクトを狙って引用をする、というのは効果的である。ある重要なことばの説明をするとき（definition）は、言い換えをせず、著者のことばをそのまま使ったほうが伝わりやすいだろうし、同様に、著者の主張を明確に伝えたいのであれば、原文のままが有効だろう。このようにオリジナルの書き方、言い回しまでが重要という場合に引用をしよう。

▶ Step 2 Use Quotations in a Paragraph

　引用を使ったパラグラフの例を見てみよう。

　　　Yet the foundation of academic life—the scholarship on which everything else is built—remains surprisingly unaltered. The articles and books that scholars produce today bear little mark of the digital age in which they are created. Researchers routinely use electronic tools in their professional lives but not to transform the substance or form of their scholarship. Alan Gross and Joseph Harmon, in a comprehensive overview of digital innovation in the academy, identify exciting projects that have emerged over the last two decades, but they conclude: "Mainstream publication has yet to be seriously affected."

　　　(Edward L. Ayers, "Does Digital Scholarship Have a Future?" 26)

　インターネットが大学などの研究機関に与えた影響について書かれた研究書を引用している。このパラグラフで言いたいことは、最初の文章（＝トピック・セ

第2章 英語で書く

ンテンス)にあるように、デジタル化が急速に進むなかで、研究の仕方あるいは学問のあり方が驚くほど変化していない、ということである。その根拠として、研究者はインターネットを研究の道具として利用しながらも、研究自体は変わっていないと主張するこの本を挙げている。本の主旨を要約したうえで、著者らの結論部分を引用している。そのままの言葉を引用するほうが、読んでいる人たちに与えるインパクトが強い（より説得力を増す）と考えてのことと言える。

　このように、必要なときだけに絞って引用をすると、すっきりした論文になる。課題では引用を使ったパラグラフを書くように、となっている。

ACTIVITY 11

Writing Paraphrases

Using the passage from Activity 10, write a new paragraph, this time with paraphrases.

▶ Step 1 Decide When to Paraphrase

　引用を極力減らすようにと言うと、今度はずいぶんとひとりよがりの論文が提出されたりする。引用をしないということが、資料を使用しないということだと思うようである。読んだ資料はどんどん活用してほしい。前の章で書いたように、論文で活用することを目的にそういった資料を読むのである、使わなければリサーチの意味がなくなってしまう。文章をそのまま挿入するという引用の多用を避けるように、と言っているのである。つまり、自分のことばに置きかえながら、読んだ本や論文に書いてあったことに言及するのはかまわない。

　それが分かっても、次の難題は、この言い換え (paraphrase) が簡単ではないことである。きちんと書かれている英語の文章を自分の英語に直すなんて、しかも上手く言い換えができていないと「剽窃だ」と怒られるし、と誰もが悩む。しかし、その作業こそが使える英語力を磨くには欠かせないのである。また、自分のことばにうまく直せない、というときは、実はその文章を理解していないということでもある。じっくり咀嚼する、読んだことを深く理解する、こともまた、学ぶうえでとても大事なことになる、と第1章で述べた。

▶ Step 2 Take Notes

　原文をじっくり読んでノートをとる。そのまま写すことはしない、とこれも、前の章でも述べた。

▶ Step 3 Write Paraphrases from Notes

　言い換えは必ず原文を見ないで書くようにしよう。ノートから著者の考えを再構築する。目の前に原文があれば、パラフレーズがそれに近い文章になってしまうのは避けられない。言い換えは、論文のほかの部分と揃うように、自分のスタイルで書く。「スタイル」とは表現法＝文体だけではなく、語彙も含む。同じパラグラフのなかで、言い換えの部分だけ英語が難しくなったりすることがないようにする。

▶ Step 4 Check for Accuracy

　言い換えが正確であるかどうかの点検をする。勝手に情報をつけ足していないか、歪曲して伝えていないか、確認する。このステップも大事である。もうひとつ確かめなければならないのは、どこからどこまでが資料から借りてきた情報で、どこが著者の意見なのかがはっきりしているか、ということである。文章がいくつもある場合に、最初に使用した資料の著者名などを挙げてあっても、すべての文章がその資料に依拠するのか、最初の文章だけなのか、が分からない。きちんと分かるようにしよう。そんなことを言われたら、いたるところで出典を挙げなければいけなくなる、と不平が聞こえてきそうだが、それこそが論文なのである。

▶ Step 5 Add Citation

　出典を明らかにする、つまり脚注あるいはかっこ内に著者名や頁番号など必要な情報を入れる。これが抜けてしまえば、剽窃となってしまう。出典の挙げ方は、シカゴ方式、MLA方式、APA方式などがあるが（「なぜそんなにあれこれあるんですか」と聞かれたりするが、学会＝研究分野によって違いが出ていて、例えば社会科学系であればいつ出版されたものかがとても重要であるため、文中でも必ず発行年を入れる）、ここでは脚注（あるいは文末注）を使用する

第2章　英語で書く

シカゴ式ではなく、かっこ（　　）を使う方式（MLAとAPAがかっこ使用）を紹介しておこう。

　文中ではかっこ内に情報源の名前と（APAなら出版年も）頁番号などを明らかにし、詳しい情報は最後の参考文献に入れる。名前というのは、著者名、組織名、タイトルなど、要は参考文献リストでアルファベット順に並んでいる名前のことである。著者名のない記事などはタイトルを使ってリストに入れる。大事なのは、読者がその情報について詳しく知りたいと思ったときに、そこにたどり着くことができるようにしておくことで、だから研究書の題名だけでなく頁番号も明記する。例を見てみよう。

> A detailed study by the College Board revealed that ① "higher levels of education are correlated with higher levels of civic participation, including volunteer work, voting, and blood donation, as well as with greater levels of openness to the opinions of others" (Baum and Ma 2007, 2). The same study also found that ② college graduates are less likely to smoke and more likely to exercise daily. A separate study by the Pew Research Center found that ③ college graduates are more likely to be happy—42 percent, as compared with 30 percent of others with lower levels of educational attainment (2006, 31).
>
> 　　　　(Edward L. Ayers, "The Experience of Liberal Education," 9)

　大学教育について書かれたパラグラフの一部である。著者は調べた資料を3箇所で使っている。最初が引用になっている。カレッジ・ボードの報告書であることを波線①の導入部で伝え、かっこ内には著者名と発行年、頁番号が挙げられている。その次の文章も同じところからの情報だが、それが分かるように、波線部② "The same study also found that" という導入を入れている。ここは言い換え（paraphrase）であるため、引用符はついていない。もともとの文章は、"College graduates have lower smoking rates, more positive perceptions of personal health, and healthier lifestyles than individuals who did not graduate from college." だった。その主旨を簡単に言い換えていることが分

かる。

　次の文章（波線部③）は別の資料からの情報であるため、それが分かるように、"A separate study by the Pew Research Center found that" と入れている。ここでも、かっこ内で出版年とどの頁からの情報かを示している。すでにピュー・リサーチ・センターとシンクタンク名が文章中にあるため、かっこ内では繰り返さない。ここにも引用符がないためパラフレーズと思われるが、原文を確かめると "College Grads Happier" というグラフからの情報であることが分かる。データを文章に起こしているのである。

　参考文献を見れば、二つの資料は以下のように挙がっている。

> Baum, S., and J. Ma. 2007. *Education pays: The benefits of higher education for individuals and society.* Washington, EC: The College Board.
> Pew Research Center. 2006. *Are we happy yet?* Washington, DC: Pew Research Center.

つまり、かっこ内を手がかりにこのリストを参照すれば、詳しい情報が得られる仕組みになっている。

　さて、課題の文章は、前の課題でも使用した論説からの抜粋である。今度は言い換えをすることになる。ここでは、ただ言い換えをするのではなく、"According to Edward L. Ayers," といった導入部分や、最後のかっこを使った出典の明示もするようにしよう。

第2章　英語で書く

> **ACTIVITY 12**
> # Writing an Academic Paper
> Write an academic paper on any topic you choose. It should be between 800 words and 1,000 words.

いよいよ最後の課題である。実際に論文を書いてみる。

▶ Step 1　Brainstorm (Pre-Writing)

　最初はアイディアを思い浮かべるブレインストーミング。教科書を見れば、真ん中にトピックを書いて枝分かれさせていく clustering や、思いついたことをリストにする listing、手を休めずにどんどん書いていく freewriting などがすすめられている。もちろん、こういったやり方は人によってはとても便利に感じるだろうし、図説も描きやすい。しかし、必ずしもこのなかのどれかにこだわる必要はない。

　むしろ、自分にとって何がいちばん適しているかを早くに見極めて、その方法を使う習慣をつけることが大事であろう。ここまでグループワークを多く取り入れてきたように、誰かと議論しながら言いたいことを見出していくというのでもかまわないし、リーディングのところでとにかく読まないと書けるようにならないと教えた手前、読みながら考えをまとめていくというのもよしとしたい。ノートをとりながら、そこで自分の考えも書きとめておき、それを発展させて言いたいことをまとめていく、アクティヴ・リーディングからアカデミック・ライティングに、である。

　書き始める前に考えよう、というのはある意味あたりまえのことで、普段からいろいろなことについて、自分はどう思っているのだろう、と自問する習慣をつけておくのも役に立つ。そして、「なぜ」そう思うのかも問いかけてほしい。"The death penalty should be abolished." あるいは、"The voting age should be lowered."と言うなら、"The death penalty should be abolished because …" や、"The voting age should be lowered because …" のように続けてほしいのである。論文をある疑問に答えるものと位置づけて、自分は

何を知りたいのだろう、と自問しながら考えをまとめていくとよいだろう。

▶ Step 2　Write and Revise the Outline
　　　　（tentative outline → rough draft → formal outline）

　課題9で学んだ手順で、まずアウトラインを作成しよう。全体を通して言いたいこと（thesis statement）から考える。ここで忠告しなければならない。このような論文を書くときに、最初に決めた主張とアウトラインは、途中で修正せざるをえなくなることがよくある、と。「ええ？」最初に言いたいことから方向性からすべて決めるように言っておきながら、ここへ来てそれはどういうこと、と思うだろう。実際に修正をするときは、まさにこの「なんでそうなる？」という気分になる。論文は「リサーチ・ペーパー」と言うように、リサーチがすべてである。実際に資料探しをしてみると、思っていたようなものが集まらない、あるいは反対の意見のほうがより説得力があるように思えてきた、といった事態に陥ったりするのである。

　「英語は小学校低学年から教えるべきだ」という主張で書こうと思ったとする。ところが、調べてみれば反対意見も多くあることを知り、さらにいろいろと読んでいるうちに、そこまで早い時期に始める必要がないように思えてきた。そこで、主張を「英語は小学校高学年から導入し、英会話だけではなく文法なども教えるべきである」に修正する。主張を変えれば当然アウトラインも変更しなければならない。なので、アウトライン作成は、仮アウトライン→リサーチ→アウトラインのように、時間のかかるものになる。

　書いているうちに、思っていた以上にそれぞれのポイントで分量がかかり字数制限に達してしまいそうになる、などの理由から、さらにアウトラインを修正することもある。読者のためのformal outlineが、下書きが完成するまでは確定とはいかない所以である。

▶ Step 3　Write the Introduction
　いずれにしてもまず主張を明確にする必要がある。読みづらい論文は、イントロダクションでどのような論文になるのか方向性が示されず、それぞれのパラグラフの役割も不明瞭、関連性もよく分からないだけでなく、書き手の立場が

第2章　英語で書く

明確でないものなのである。いったい何が言いたいのだろう、賛成か反対かどちらなのだろう、と疑問に思ったまま読み進めなければならない論文は分かりづらい。まず例を見てみよう。

Introduction 1

①In 1964, the historian J. H. Plumb announced a crisis in the humanities: "Alas, the rising tide of scientific and industrial societies, combined with the battering of two World Wars, has shattered the confidence of humanists in their capacity to lead or instruct." ②Plumb's lament would not be the last; indeed, in every decade since 1964, in addresses to professional organizations and in op-ed pieces, on blogs and in commencement speeches, humanists and their critics have warned of one crisis after another. ③Those who worry have no trouble finding signs of crisis: declining proportions of students and faculty positions, low funding inside the university, and a diminished audience beyond the academy. ④Surprisingly, however, today the humanities in the United States are holding their own in an intensely competitive jostling of universities, departments, and faculty for students and resources. ⑤Humanities faculty and what they teach retain authority and respect in public and private institutions, large and small. ⑥Many thoughtful and articulate students in the best schools in the country emerge with degrees in the humanities. ⑦To understand why the tradition of crisis shapes our thinking and self-perception, even while some of the reasons for worry have abated, we need to understand the many contexts in which the humanities live. ⑧They live in departments and disciplines, of course; but they also live in new places, in new forms, and in new combinations.
(Edward L. Ayers, "Where the Humanities Live," 24-25)

3 論文を書こう

　リーディングの章でも述べたように、イントロダクションのはじめの文章は「読者の興味をそそる」文章にする。ライティングの教科書では、読み手を驚かせるような引用や数字、読み手に対する問いかけ、小話、背景となるよう情報、などを入れるよう指示している。読み手が読んでみよう、と思いたくなるような出だしを考えてほしい。

　例は引用文を用いた文章①から始めている。次の文章②はどうであろうか。引用——1964年の歴史家の発言——に言及し、それ以降も同様の懸念の声が挙がっている、と説明している。すでに読者に伝えた情報をもとに次の情報を与えている。「人文科学の危機」という主旨も文章②で繰り返されている。文章③でも、前の文章の最後で使用した「危機crisis」ということばを使い、つながりを明確にしている。このように、「古い情報」、つまり読者がすでに得ている情報、に触れて「新しい情報」を挙げていく書き方を、Old-to-New Information Flowと、第1章で挙げたスウェイルズとフィークは説明している。ライティングの教科書などでは、この「古い情報→新しい情報＝古い情報→新しい情報＝古い情報→新しい情報」のように、情報を繰り返し示すことで流れを分かりやすくするやり方を、明晰な書き方として紹介している。

　よく「自分の文章は読みづらい、分かりにくいと指摘された」と相談してくる学生がいる。「でも、何がいけないのかよく分からない」というのである。英語で書く場合、文章と文章のつながり（論理の展開、流れ）を大事にする必要があり、そこでhowever, moreover, therefore などの、つながりを明らかにするtransitional phrases を使うように指導される。ところが、英語で書かれたものをみれば（上記の例を含め）、そういった語句が多用されているようにも見えない。いったい先生は何を言いたいのだろう、と不思議に思われても仕方がない。確かにライティングの教科書ではtransitional phrasesの使用をすすめている。しかし、それだけではないのである。その一例として、ここではこのold-to-new information flow（呼び方は違ったりするが、ひとつ前で言ったことについて触れながら次のことを書く、というパターンは同じ）をすすめておく。ぜひ試してみよう。

113

第2章　英語で書く

Introduction 2

①There is no denying that *The Interesting Narrative of the Life of Olaudah Equiano, or Gustavus Vassa, the African* is one of the most important writings published in late eighteenth-century England. ②Though it is easy to read Equiano's narrative as a political pamphlet because of his great influence as an anti-slave-trade activist, we must not forget that his influence was not limited to the political arena. ③Literary critics agree that Equiano's autobiography is the prototype of the slave narrative, a genre that became immensely popular in nineteenth-century America. ④Equiano's narrative was immensely popular in England ever since its first appearance in London in 1789; within five years it had gone through five editions. ⑤On the other hand, when the first American edition was published in New York in 1791, it left little, if any, impression on American readers. ⑥Furthermore, the readership in London and New York appears to have been quite different; the lists of subscribers attached to these different editions suggest differences in reception. ⑦The audience or patronage in the United States, while similar in degree to that of Britain, was different in that American subscribers were primarily artisans, not aristocrats. ⑧In fact, whereas in Britain the Narrative was used politically to end the slave trade and played a crucial role in the nationwide abolitionist movement of late eighteenth-century England, in America it fit into post-revolutionary rhetoric among artisans, concerned with the issues of independence and republicanism.

(Akiyo Ito, "Olaudah Equiano and the New York Artisans," 82)

もうひとつイントロダクションの構成パターンを紹介しておこう。左頁の例はGeneral-Specific (GS) パターン、より一般的な話題から特定の話題、主題へと流れていくパターン、で書かれている。GSだけでなく比較のパターンをも利用しているため少しややこしいだろうか。18世紀末に出版されたエクィアーノによる自伝が奴隷貿易廃止の政治運動に貢献したと始め（①）、次に19世紀アメリカ文学に影響を与えたと続ける（②-③）。一般的なことを述べながら、イギリスとアメリカでの役割の違いを示唆している。そして話題をせばめ、読者とその受容に注目し、イギリスでの人気と比較してアメリカではそれほど読まれなかったと述べる（④-⑤）。さらに話題はせばまり、当時出版に必要とされていたパトロンの比較をしながら——貴族階級中心のイギリスと職人中心のアメリカ——もともと政治運動の一環として書かれたものが、独立直後のアメリカでは自由の機運が高まり奴隷貿易（制度）を批判する風潮は職人にまで広まっていたという主張を展開している（⑥-⑦-⑧）。

▶ Step 4　Write the Body

本文でも気をつけてほしいのは、先ほども述べた「つながり」である。以下はtransitional phrases (transitions、linking wordsなどと呼ばれることも)、前後関係を明らかにするつなぎの語句、のリストである。実際に使いそうなものを入れてみたが、これ以外にたくさんあることも覚えておこう。

Transitional Phrases

Function	Expressions
Addition	additionally, besides, furthermore, in addition, moreover
Clarification	in other words, i.e., that is, to clarify, to put it another way
Concession	even though, granted that, it is true, obviously, of course
Conclusion	in short, in conclusion, on the whole, to summarize
Consequence	accordingly, as a result, consequently, therefore
Contrast	however, on the other hand, on the contrary, nevertheless
Emphasis	indeed, in fact, of course, surely, without doubt
Example	for instance, in particular, specifically, to illustrate
Order	finally, first, second, third, last, next, then
Similarity	in like manner, in the same way, likewise, similarly

第2章　英語で書く

　文章と文章のつながりだけでなく、パラグラフとパラグラフのつながりも考えたいものである。次で述べることは前の段落で述べたこととどう関係するのか——主張をサポートする次の論点なのか、賛成意見に対する反対意見を述べようとしているのか、など——明確であればあるほど読者にとっては読みやすくなる。リーディングのところで「拾い読み」について触れたが、それが可能なのは、こういったパラグラフの最初の文章がきちんと分かりやすく書かれているからである。However、Moreoverといった一語で済ませるのではなく、「女性管理職を増やすには国や企業の努力が必要であると同時に、家族の理解も不可欠である」といった書き方をして、前の段落では企業の取り組みについて説明してきたが（その前の段落ではおそらく国の政策について書いている）、ここからは家族の後押しについて書いていく、とあれば、読者にも分かりやすい。

❯ Step 5　Write the Conclusion

　最後にコンクルージョンを入れるのを忘れないようにしよう。基本的には主張の言い直しをする。主張を繰り返すだけでなく少し長めにしたいのであれば、作成したアウトラインを参照して、各セクションの要点、つまりトピック・センテンスを繰り返してもよい。いずれにしても、同じ文章の使いまわしはやめよう。必ず言い換えるようにする。その後で、未来への展望や読者への呼びかけをつけ足してもかまわない。

　次頁の例では、「人文科学はまだまだ重要」とする主張が繰り返されたあと、最後の文章では、将来も人文科学は自己理解を深めるために役立つ、と展望を述べている。

Conclusion

> Despite, or perhaps because of, their relentless self-critique, the humanities remain a crucial part of American higher education and public life. When all is said and done, humanists know things that other people want and need to know. The humanities offer at least a chance of understanding ourselves better—and any such understanding will always be hard-won, precious, and necessary.
>
> (Edward L. Ayers, "Where the Humanities Live," 34)

▶ Step 6 Attach a List of Works Cited and Consulted

　使用した資料の出典を論文内で明確にするだけでなく、参考文献リストを必ず作成する必要がある。これについては、早い段階から入力をしておくこと。実際に本文で引用していなくとも、目をとおしたものについてはすべてリストに入れておく。

　論文はリサーチがすべて、と述べた。根拠がなければ意見に説得力をもたせることはできない。資料を探すというのは言うは易く行うは難し、実際にはかけた時間に見合うほどのものが見つからないということも多い。それなのにリサーチが足りないと言われればやる気もなくなろう。ぜひ、リーディングのところで学んだことを読み返して、目的を持った読み方を身につけて、時間の効率化をはかろう。そして、この参考文献の作成が負担にならないよう、早めに使用した資料のリストを作っていく習慣をつけておこう。信頼できる情報については、3章の155頁を参照。

　シカゴ方式、MLA方式、APA方式など、どの書式を使ってもかまわないが、必ず選んだ方式のマニュアルを熟読して、きちんとした参考文献リストをつけるよう心がけてほしい。

第2章　英語で書く

▶ Step 7　Revise and Revise

　論文を書くのには時間がかかるため、最後は「終わらせればいい」といった投げやりな態度になってしまうのではないだろうか。そこで、以下のような「評価票」を提示したい。論文がどのように評価されるのか、というのを見れば、何をしなければならないのか、逆にどうすれば評価があがるのかが分かるというものである。これはあくまでも一例に過ぎないが、それでも一瞥すればイントロダクションの重要性（全体の25%）、根拠・リサーチの重要性（全体の35%）が明らかである。文章が明確であるか (writing is clear)、スペルや初歩的な文法のミスがないか (checked for spelling and grammar) といった項目を設けて、より正確性を重視する評価もありうる。

　書き直しの際は、このような目標（数値）を意識しながら仕上げていくこともありだが、より質の高い論文を目指すのであれば、お互いの論文を読んでコメントをする (peer evaluation) ようにしたい。論文の最終版とともにほかの学生のコメント入りの下書きの提出を求めることもある。コメントをするときには（リーディングの作業を思い出してほしい）、例えば、以下のような質問を念頭にそれらに答える形にすると建設的なものになる。

- 主張は明確か。どのような質問に対して答えを出そうとしているのか。
- 主旨文 (thesis statement) は改善の必要があるか（より正確なものにする、など）。
- イントロダクションは機能しているか。
- それぞれのパラグラフの主旨は明確か。必要のない（例えば同じことの繰り返しになっている）パラグラフはないか。
- 十分に根拠は挙がっているか。それらは適切か（出典を確認する）。
- 説明が不十分、文章が不明瞭など分かりづらい部分はないか。

　コメントが詳しければ書き直しもやりやすくなる。読み手に伝わっているかどうか、というのはとても大事であるため、伝わっていないようであれば指摘を真摯に受け止めて直すようにしよう。

Peer Evaluation Sample

Writing Evaluation

Writer: _____   Reader: _____

SCORE (circle one)

INTRODUCTION

Captures reader's attention	2 4 6 8 10
Contains a thesis	2 4 6 8 10
Previews main points	1 2 3 4 5

BODY

Each paragraph relates to thesis	2 4 6 8 10
Each paragraph contains topic sentence	2 4 6 8 10
Transitions are used effectively	2 4 6 8 10
Contains support details	2 4 6 8 10

CONCLUSION

Drawn from the body	2 4 6 8 10

RESEARCH

Shows extensive research	2 4 6 8 10
Quotations/Paraphrases used correctly	2 4 6 8 10
Cites sources in parentheses	1 2 3 4 5

TOTAL POINTS: _____

ADDITIONAL COMMENTS: _____
_____
_____
_____

第 3 章
英語で話す

英語で書くことができるようになっても、話すとなると「それはまた別」と尻込みをする人は多い。コミュニケーションが上手いと思う人を挙げなさい、と聞けば必ず出てくるのがキング牧師やオバマ大統領の名前である。その理由を聞くと、「話し方」などスピーチ力を挙げる学生が多い。カリスマ性もあるこの二人、そう簡単に真似できそうにもない。そう思うと、「自分には無理」というスピーチに対する否定的な考えに陥ってしまう。しかし、スピーチの本をいくつか見れば、コミュニケーションが上手い人は目的が明確であることが分かる。もちろん、それ以外にもいろいろと兼ね備えているのだが（物知りであるとか、聞き上手であるとか）、そのスピーチを通じて何がしたいのか理解したうえでスピーチを行っている、というのが成功の鍵なのである。

　「明確な目的」、「地道な努力」と書くと、第1章、第2章と同じことではないか、と言われそうである。しかし、なんとなく話している、頼まれたから仕方なく、とりあえず終わらせよう、といった気持ちでスピーチをするのと、ここにいる人たちを一人でも多く説得しようという意気込みで語りかけるのとでは、目的に大きな差があり、それがそのままスピーチの出来不出来を左右する。聞いてもらいたい、納得してもらいたいと思うのであれば、それなりの努力をしないといけない。

　英語を使ってのコミュニケーションは難しいと思うかもしれないが、訓練をすれば（できそうにないという恐怖心がなくなれば）誰にでもできる。リーディングやライティングのところで学んだことがスピーキングにもあてはまり、読み取ること、表現することができれば、発信することも上手くなる。

1 リスニング上手になろう
Listening

　集中して聞かないといけないことは誰もが分かっている。ただ「音が聞こえる (hearing)」のとは違い、「話を聞く (listening)」には聞き手の努力が必要ということも、もちろん分かっている。それでも、気づくと大事なポイントを聞き逃していたり、すでにスピーチが半分終わっていたり、という経験は皆さんにもあるだろう。

　普段からしっかりと聞く習慣をつけてもらうため、リスニングを取り入れている授業も多い。聞き終えた後に質問があると分かっていれば、注意をして聞く。実際、何も言わずにいきなり音声を流し、5分後に止めて内容に関する質問をすれば、正答率はとても低い。予めリスニングのトピックを知らせ、必要となる語彙を確認し、質問項目に目を通させた後で音声を流せば、得点はあがる。実際のシチュエーションでは、このような準備は自ら行う必要がある。だから、普段からさまざまなトピックに触れて知識を深めておこう。

　授業内でのリスニングは、たいてい上記のようなものが多い。ここではそういったリスニングの課題を入れていないが、強調しておきたいのは、リスニング上手になるには、準備が必要ということである。講義に行くなら（講義は情報を伝達するスピーチのひとつ）予習をしておけばとても聞きやすくなり吸収できることも多くなる。

　さらに、しっかりとノートをとれば、聞いた内容の理解も深まる。リーディングと同じである。次に挙げる課題は、ノートをとりながら話を聞くというものである。

第 3 章　英語で話す

> **ACTIVITY 1**
>
> ## Recalling What You Heard
>
> In a group of five to seven, find a topic to talk about. Then one by one group members take turns to express their view on the topic. Whenever you speak you must summarize the opinion/s of the previous speaker/s. For example, if you are the fifth speaker, then you must summarize the ideas of the first four before expressing your opinion. Once everyone has spoken, the first person will summarize all the ideas expressed.

❯ Step 1　Pay Attention

　誰もが意見を持っていそうなトピックを選び（未就学児をタブレット端末で遊ばせるべきか、小学校に音楽教育は必要か、などShouldを使った疑問文にしておくと意見が述べ易い）、それについてグループの全員が発言をする。一巡目はノートをとらずに試してみることをすすめる。聞いているだけであると、いかにすぐ聞いたことを忘れてしまうかがよく分かる。「エーッとなんだっけ？」とほかの人の意見を思い出すことに精いっぱいになると、なかなか建設的な意見は言えない。

❯ Step 2　Take Notes

　今度はノートをとってもよいことにする。同じトピックであれば、前回と同じ内容が繰り返され理解も深まる。もちろん、トピックを変更するほうが、新しいアイディアを聞くことができおもしろくなる。ノートをとっているので、聞いたことをきちんと整理できる。議論が二つに分かれるトピックであれば、賛成と反対に分けて整理するなど、工夫もできる。さらに、自分の意見がほかの人の意見とどう違うのか、といったことも分かりやすくなる。

1　リスニング上手になろう

> ### Step 3 Listen Critically

　二回同じことを聞くことができれば理解力も向上するが、実際にはそんな機会はない。そこで、何を聞くのか (100%すべてを消化はできないため聞きたい情報を選ぶ)、目的を明確にしておく必要がある。

　聞くときは、話し手が全体で言いたいことが何かを早い段階で見極める必要がある。そうすれば、その言いたいことがどれくらい根拠に基づいているのか、判断しながら聞くことができる。そして、根拠として挙がっていることが、どれくらい信頼できるかを判断すれば、クリティカル・リスニングになる。

📖 Giving Feedback

　スピーチ・コミュニケーションの教科書ではよく、フィードバックの重要性について書かれている。皆さんもスピーチをするときは聴衆の反応を読みながら話すだろう。例えば、真剣な表情で身を乗り出して聞いている人とウトウトしている人がいれば、前者が話に興味をもってくれているのに対して後者が退屈していることが読み取れる。

　話し手がフィードバックを見ながら話しているとすれば、聞き手はポジティブなフィードバックを心がけたいものである。

　授業ではほとんどの課題で評価票を取り入れている。聴いている人たちからフィードバックをもらうことによって、次回のスピーチをよりよいものにすることが主な目的だが (つまり話し手のため)、評価をするとなると集中して聞くようになり、分析する力を養えるという目的もある (つまり聞き手のため)。

　コメントを書く場合は、よい点ともう少し改善したほうがよいと思われるところの両方を書こう。必ず、評価すべきことは褒め (どんなスピーチでもよいところはある)、批判するときは、ではどうすれば良かったのか提案までするとそのコメントがスピーカーにとってとても有益なものになる。

第3章　英語で話す

Speech Evaluation Sample

Impromptu Speech Evaluation

Speaker: _____　　Evaluator: _____

Performance　　　　(Rate the speech on each point)

Using eye contact	Poor	Fair	Average	Good	Excellent
Speaking loudly	Poor	Fair	Average	Good	Excellent
Speaking at the right rate	Poor	Fair	Average	Good	Excellent
Using gestures	Poor	Fair	Average	Good	Excellent
Showing enthusiasm	Poor	Fair	Average	Good	Excellent

Content　　　　(Rate the speech on each point)

Gaining attention	Poor	Fair	Average	Good	Excellent
Stating thesis	Poor	Fair	Average	Good	Excellent
Organizing clearly	Poor	Fair	Average	Good	Excellent
Giving supports	Poor	Fair	Average	Good	Excellent
Ending gracefully	Poor	Fair	Average	Good	Excellent

Comments:

What did the speaker do most effectively?
_____
_____

What should the speaker pay attention to when preparing the next speech?
_____
_____

Other comments:
_____
_____

2 思いを伝えよう
One-to-One Communication

　「英語で聞くことは得意だけれど話すのはちょっと…。」こんなコメントをよく耳にする。どうすれば自信がつくのか。決まったフレーズをとにかくたくさん覚えて、それを会話につなげていくという勉強の仕方もあるだろう。しかし、繰り返しになるが、きちんと話すためには、何を伝えたいのか、どうすればそれがうまく伝わるのか、考える必要がある。「話す」とはコミュニケーションなのだから、相手のことを意識しなければならない。ところが、「英語で話す」と聞くと、とりあえず自分が言えそうなことをしゃべろうとする。課題1で学んだように、人の話に耳を傾けなれればコミュニケーションにはならない。1対1のコミュニケーションから挑戦してみよう。

ACTIVITY 2

Telephone Conversation

Write a telephone conversation with your partner to perform in class. Make sure you vary the volume, rate, pitch, vocal pause, etc. to show emotions. The listeners should be able to decide if you are happy, sad, angry, annoyed, etc.

　電話で会話をするという課題となる。電話の掛け方についてはとくに説明しない。手紙の課題と同じでフォーマルな英語を使用することを心がけてほしいくらいである。ここでは、表情や身振り手まねが使えない状況で（欧米人でなくとも案外ボディ・ランゲージは使っている）感情を伝達するにはどうすべきか考えてほしい。声の高低、調子、間の使い方、話し方（これらは paralanguage と呼ばれる）、そういったことで思いを伝える。

　声の大きさが大事とよく言われるが、声音によってもさまざまなことを伝えられる。ネット上のコミュニケーションでは失われてしまったやり方だろうか。断定

第3章　英語で話す

的な話し方、批判的な話し方、同情的な話し方、など声から判断できることは多い。慎重にことばを選んでいるとき、冗談交じりに話しているとき、励ますような調子で話しているとき、内容以外にも語り手の意図は伝わっている。

❯ Step 1　Use Paralanguage

　会話を作り演じるという課題である。ただし、演劇ではないため、声で表現をしなければならない。スピーチでも重要な、声の調子を使い分ける練習をする課題と考えてほしい。

❯ Step 2　Express Emotions

　以下の会話では、どうやらBはAに怒っているようである。状況を分析し、どのようにAとBの感情を伝えればよいか考えて、パートナーとその会話を練習してみよう。

A: Hello?

B: Hello, is this William?

A: Yes, it is.

B: This is Anna.

A: Hi Anna. How are you?

B: I'm with John and Lucy.

A: Oh?

B: Yes, we are all in the library. Waiting.

A: Oh! I was supposed to meet you! At two!

B: So, you have forgotten.

A: I'm so sorry. I have been very busy with my other class and . . . .

B: Well, we are all busy. And we have been waiting for over an hour.

A: I know. I'm very sorry. Look, I'll leave right away, and I'll be there in 30 or 40 minutes.

B: Don't bother.

A: Maybe I can even make it in less than 30 minutes.

B: John needs to work from three-thirty. Remember?

2 思いを伝えよう

A: That's right. Can we meet some other time to work on this project?
B: We have to see.
A: Look, I will call John and Lucy and apologize.
B: You should.
A: I am really sorry about this.
B: Well . . . . I'll talk to you later.
A: Yes. OK. Bye.

▶ Step 3 Create Conversations

練習した会話を参考にして、自分たちで会話をつくってみよう。感情を表せるようなものにする。準備ができたところで、クラスメートの前でパートナーとその会話を演じてみよう。

ACTIVITY 3
Job Interview

You are applying for a job. You will be interviewed based on your application letter and your résumé. Prepare yourself for the interview.

You will also act as an interviewer. Read application letters and résumés of the "job applicants" in your group and prepare a set of questions.

就職面接を想定した課題となる。面接を受けるのも1対1のコミュニケーションである。即興的なスピーチ (impromptu speech) であるため、慣れていないとなかなかうまくいかない。しかし、準備をすることは可能で、受け答えの内容だけでなく、それ以外の立ち居振る舞い、話し方なども練習しておくとよい。

服装を含め与える印象が大事であることは言われるまでもないだろうが、姿勢、表情、声の大きさ、すべてに気をつけたい。また、相手の目を見て話すことも大切で、これらはどれも、どんなスピーキングでも必要なこととなる。

第3章　英語で話す

▶ Step 1　Prepare／Research

　手紙と履歴書の書き方については第2章で学んだとおり。ライティングと同じで、スピーチの準備もブレインストーミングから始める。自分のセールスポイントは何か、リストをつくっておこう。項目ごとに分けておいてもよいかもしれない。次に、就職をしたい先についての情報収集も必要不可欠となる。よく知りもしないところを受けている、などと分かってしまうと印象が悪い。また、面接で「質問はありますか」と聞かれたときに備えて、聞くことを用意しておく。もちろん、聞かれるであろう質問を想定して、それらに答えられるよう準備をしておくことも大切である。

▶ Step 2　Practice Interviews

　簡単なインタビューの練習をやってみよう。新聞記者と政治家、警察官と目撃者、などの設定を決め、即興でインタビューを行う。聞くほうは最大限に情報を引き出そうとし、話すほうは間違って伝わらないよう慎重になるだろう。面接でも同じである。いくつかの設定で練習をしているうちに、どんなふうに質問を構成すべきか、あるいはことばを選んで話すというのはどういうことか、見えてくるのではないだろうか。

▶ Step 3　Prepare Interview Questions

　この課題では、面接官としての準備もしなければならない。グループ内のアプリケーション・レターと履歴書すべてに目を通す。そして、質問を考える。全員に共通するような質問もあるだろうし、個別の質問もあるだろう。聞く項目をたくさん用意しておくと、インタビューも熱を帯びたものとなる。その際、質問の種類（次頁参照）が同じものに偏らないようにしよう。

Interview Questions

Closed-ended Questions	Yes/Noで答えられる	*Can you work overtime? Do you live nearby? Can you walk to work?*
Open-ended Questions	自由に答えられる	*What are your career goals? Please tell me about yourself.*
Probing Questions	説明を求められる	*You said on the application you speak three languages. Can you tell us how well you speak each of them? How well can you write in these languages?*

　Yes/Noで答えられる質問 (Closed-ended Questions) ばかりが続くと、短い回答で終わってしまい、話が弾まない。自由に答えられる質問 (Open-ended Questions) も取り混ぜる。また、回答からさらに質問 (Probing Questions) することも可能である。準備してきた質問だけにこだわることはない。

　質問を考えていると、実際に面接を受けるときに自分がどのようなことを聞かれそうか想定できるようになる。相手の立場になって考えるのも大切なステップである。

❯ Step 4　Mock Job Interviews

　いよいよ試してみよう。印象をよくしなければ、と誰もが思う。外見は服装だけに気を配るのではなく、歩き方、座り方、手の置き方、目の合わせ方などに気をつけよう。また、話し方も丁寧に、ゆっくり明確に話すことを心がけよう。

　4人ずつのグループで、2人が面接をする方とされる方の役のあいだ、残りの2人はその様子を観察しながら、評価票に記入する。質問や回答が良かったかどうかだけではなく、大きな声で明確に会話していたか (voice)、礼儀正しく落ち着いて対応していたか (poise) といったところも観察しよう。

第3章　英語で話す

Interview Evaluation Sample

Interview Evaluation

Evaluator: _____

Interviewer: _____

Rating

Questions:	Poor	Fair	Average	Good	Excellent
Voice:	Poor	Fair	Average	Good	Excellent
Poise:	Poor	Fair	Average	Good	Excellent

Interviewee: _____

Rating

Answers:	Poor	Fair	Average	Good	Excellent
Voice:	Poor	Fair	Average	Good	Excellent
Poise:	Poor	Fair	Average	Good	Excellent

Comments:

Did the interviewer organize the interview properly? Was s/he in control?
_____
_____

Did the interviewee show enthusiasm for the job? Was s/he involved?
_____
_____

Do you think the interviewee should get the job? Why? Why not?
_____
_____

Other comments:
_____
_____

3 意見を言おう
Group Discussion

　最近はグループ・ディスカッションを取り入れている授業も多い。トピックが与えられ、それについて話し合う。しかし、ディスカッションで思うように発言できない、と悩む学生もとても多い。言おうと思っていたら別の人に先に言われてしまった、言いたいことはたくさんあるのに英語にうまくできずに自分が嫌になる。誰もがこんな状況から脱したいと思う。残念ながら、特効薬はない。ただし、訓練によって、つまり場数を踏むことによって、上手くできるようになる。

　グループ・ディスカッションを指示すると、「誰がディスカッション・リーダーですか」と聞かれるときもある。はたして必要なのだろうか。回答は、「必要に応じて」という頼りないものになる。人数が多ければ、交通整理をする人が必要になるだろうし、議論が二つに割れてしまうなど煮詰まったときには、誰かが先へ進めなければならなくなる。しかし、少人数ではあまり必要ないように感じている。リーダーに任せっきりになるよりは、メンバー一人ひとりが自覚を持って目的を達成しようと努力するほうが大事であろう。全員がリーダーのような気持ちで取り組むほうが、より効果的なディスカッションになる。

第3章 英語で話す

ACTIVITY 4
Finding a Place to Live

As a group you are discussing a new place to live. Each group member takes a role of a family member. The mother in this family has just been transferred to another city. You will need to decide what type of housing (a house or an apartment), which location (near a station, close to a supermarket, etc.), how large it should be (overall size, the number of bedrooms, etc.) and other factors. As the discussion starts, think of a way to convince others of your ideas of the best new place to live.

▶ Step 1 Establish Your Goal

　家族で新居の相談をしている。転勤であるため引っ越しは確定しているものの、場所や広さ、間取りなどを決めなければならない。便利で広いところであれば家賃は高くなる。予算をあらかじめ決めておくと、話し合いがしやすくなる。

▶ Step 2 Identify Your Task

　この課題では、「父親」「母親」「高校生の娘」「小学生の息子」など先に役割が割り振られている。役割にそってどのような住居が好ましいかを考え、理想の新居をメモしておく。議論しているあいだは、そのメモをもとに、理想の新居になるよう、周りの人たちを説得する。その際、さまざまな方法で説得してみよう。周りの意見を聞いて後から自分の要望を出したり、最初から強引に自分の望みを押し通そうとしたり、いろいろ考えられる。

▶ Step 3 Discuss Possibilities

　家族会議であるため、とくにディスカッション・リーダーは必要としない。自然と父親や母親が話を進めて話し合いを終わらせ、誰もが遠慮なく意見を言うだろう。話す順番が決まっている、ということはないはずで、通常のディスカッ

ションもこんなふうになるとよい。

　自分の意見を言うことも大事だが、ここでは人の意見にもじっくり耳を傾けよう。というのも、自分と同じような考えを持っている人を見つけ意見をすり合わせて他を説得したり、また反対の意見の人はどうすれば妥協してくるかを考えたりしないといけないからである。

▶ Step 4　Make a Decision

　必ず結論を出すようにしよう。住まいを探すのだから、話し合ったけれど決まらなかった、というわけにはいかない。また、議論が割れたから、二カ所に分かれて住むことにした、というわけにもいかない。意見を出し切って、メンバー全員が（ある程度でも）納得のいく結論を出そう。

　決まったところで、お互いにどういう理想を持っていたのかメモを見せあうのもいい。そして、何が決め手となったのか（誰のどういった説得がいちばん有効だったのか）話し合うと、次のディスカッションに活かせる。

ACTIVITY 5

Role-play Argument

In a group of three or four, create a list of situations where two people argue. For each situation two students take the role of each arguer, and start arguing. Do not give in until the referee stops you.

▶ Step 1　Create an Argument

　口論をすることが目的の課題である。あらかじめシチュエーションをいくつか考えておく。例えば、一人暮らしをしたい娘とそれに反対する父親、のように設定は詳しく決める。家族会議の課題と同じで、目的が明確であるため、意見が言いやすい。一人暮らしを実現しようとする娘と、それを許すつもりのない父親となれば、どちらも目的は明らかである。一人暮らしの是非を巡る議論ではなく、ある特定のケースについて（娘の一人暮らし）この親子がどうすべきかを議

第3章　英語で話す

論するのである。

> **Step 2　Do Not Give In**

　口論であるから、黙ってしまえば負けてしまう。そこで、あれこれ理由を考えながら、最後まで諦めないようにしよう。授業内のアクティヴィティなので時間で区切るが（2分、3分など決めておく）、どんなに強力な根拠を明示されても折れたりせず、その根拠を覆すような理由を模索しながら、自分の主張を繰り返そう。ライティングの章では、論理的でないといけない、リサーチに基づいた根拠が大事、信憑性のあるデータが必要、などを学んだ。スピーチでももちろんそうなのだが、入念な下調べや論理的な話よりも、感情（的）に訴えることが「効果的」であったりする。理不尽？　そうかもしれない。

ACTIVITY 6

Street-corner Speech

　When you give a speech standing on a street corner, usually you express your opinions on political, social, or other issues. It is an unofficial public speech. In this activity you will deliver an impromptu speech expressing your attitude on a certain topic. The class should be divided in half, so that there will be two big groups, each with a speaker loudly expressing his/her opinions.

　「街頭演説」と聞くと腰が引けるかもしれないが、世間で話題となっている事柄について私見を述べよう、という課題である。
　自分の意見を述べる練習となる。話しやすいトピックを選ぶ。普段テレビや新聞などで耳にしている、目にしている話題はどうだろう。根拠を挙げながら論理的に話す、ということはひとまずおいておき、自分の考え（attitude）をぶつけてみよう。「ガラスの天井」、「高齢化社会」、「大学入試改革」など身近な問題について思っていることを述べてみる。「どうして？」と聞かれても、うまく答えられないかもしれない。そういったときは、自分がどうしてそう思うようになったのか分析してみよう。周囲でそう思っている人が多かったから、自分の体験をもと

に、読んだ本に影響された、などがあるだろう。

❯ Step 1　Select a Topic

　各グループでトピックを決める。例えば、「少子化」を選んだとする。それを "Do you think the Japanese government should increase the number of daycare centers in order to counter the declining birthrate?" などの質問の形式に転換すると、話しやすくなる。

　こんなとき「何も話すことがない」とパニックに陥らないように、普段から新聞や雑誌などに目をとおす、さまざまな分野の本を読む、などの習慣をつけておきたいものである。読んだことはノートに書きとめて、自分の意見も併せて書いておくと役に立つ。もちろん、英語で読んでほしい。意気込んで話しているときに、英語で何と言うのだろう、となってしまうのでは困る。

❯ Step 2　Deliver Your Speech

　「演説」である。小さな声でもごもご話すわけにはいかない。ハードルが高すぎる（つまりかなり恥ずかしい）と思うかもしれないが、声を大に「青年の主張」を訴えてもらおう。聴いている人たちが「そうだそうだ」と言ってくれる保証はないが、自分はこう思う、誰か聞いてくれ！　と日頃の鬱憤を晴らすのである。そういうことはネット上で…というのではなく、大声で。隣では別のグループのスピーカーも話しているはずである。ますます大声にならなければ負けてしまう。この課題は、そういう大きな声で話す、という練習でもある。

4 議論をしよう
Reflective-Thinking Method

　スピーキングのテキストには大抵「ディスカッションの仕方」の項目がある。ディスカッションに「やり方」があるのかと思うかもしれないが、そういったガイドラインがなければ、無意味な雑談に終わってしまうことだってある。とくに、問題解決を目的とするようなディスカッションでは (多くがそう)、そういった手順に従って進めていくと効率がいい。以下は、Reflective-Thinking Method、あるいはDewey Sequence (教育者であったJohn Deweyが発案)、と呼ばれるものを基にしている。同じようなものが、とくに名前を挙げず、問題解決の方法の一例として挙げられていることも多い。

① **Identify a problem.** ディスカッションには準備が不可欠である。まず、グループ内で解決すべき問題を決めておこう。グループ全員が関心を持っていることを選ぶ。この時、ただトピックだけを決定することがないよう注意しよう。例えば、「リサイクル」だけでは何をどう調べてくるべきか分からない。「大学のゴミ削減」となれば大分見えてくる。さらに、「現在通っているキャンパスからゴミを減らすにはどうすればよいか」とまで絞り込めば、いよいよディスカッションができそうである。ここで確認しておきたいのは、キャンパス内にほんとうにゴミの問題があるのかどうか (処分に費用が相当かかっている、リサイクルが不十分になっている、など)、ということである。これはある程度リサーチをしなければ分からない。実際にディスカッションをするには、メンバー全員が準備をしてくることが必須となる。

② **Analyze the problem.** 準備を終えて集まったところで、まず問題の原因や影響について考える。ここで、調べてきた資料が役に立つ。どうしてそういった問題が起きてしまうのか、このまま何もしなければどんな悪影響を与えてしまうのか、などを話し合う。

③ **Establish criteria.** とても大事なステップである。解決策を出し合う前に、予算など判断基準を確認して（決めて）おく。これを怠ると、理想的ではあるものの現実的ではない解決策が提案されてしまう。いくらでも予算やマンパワーがあれば、多くの問題は早期解決可能だろう。実際には、そんなことは望めない。家族会議の課題では、最初にどれくらいの家賃が適当か決めている。その他にも通勤・通学時間など考慮すべきことを決めたのではないか。

④ **Generate possible solutions.** 参加しているすべてのメンバーが解決策を提案するようにする。ディスカッションでは、さまざまなアイディアを出すことが必須である。誰かが解決策を提案し、皆が「すばらしい」と受け入れ、その案に決めてしまうようでは、わざわざ集まってディスカッションをする意味がなくなってしまう。家族会議を思い出してほしい。誰もが同じように自分の意見を述べ、全員が納得する方向に向かっていくのがディスカッションなのである。

⑤ **Decide on the best solution.** 挙がっている複数の解決策の中から、最適と思われるものを選ぶ。それぞれの案のメリット・デメリットを検討し、③の判断基準と照らし合わせながら決める。この過程がずいぶんと短いグループをときどき見かける。ディスカッション全体の時間が決まっているため、制限時間が迫っているからということもあるのかもしれないが、せっかくいくつも解決策を挙げても、十分に検討しないのではもったいない。

ACTIVITY 7

Group Discussion

Divide yourself into discussion groups. You can choose the number of participants in a group. Try a discussion using the Reflective-Thinking Method explained above. You may choose any topic, but make sure every member has enough time to do research on the topic beforehand.

第3章　英語で話す

> Step 1　Divide into Groups

　皆さんはグループ・ディスカッションの人数は何人くらいが適切と思うだろうか。2人ではグループにならないと言われることも多く、そうすると最低3人となろうか。では、上限はどうだろう。9人くらいまでという意見もあれば、12人まで可能とする教科書もある。5、6人が最適というのが主流のようである。大事なのは、全員が意見を述べることができる環境、貢献しなければと思う環境、であろう。アメリカの制度では陪審員は通常12人であることを思えば、その人数までは議論が可能と言えよう。

> Step 2 〜 Step 6

　上記のディスカッション・メソッド①〜⑤に沿ってすすめよう。指示にもあるように、リサーチをしてくることが前提となる。

ACTIVITY 8

Reaching a Verdict

Read the following story. In a group, decide what punishment you would give to Wanetta Gibson for falsely accusing Brian Banks and receiving $ 1.5 million settlement from the school system. Spend about 45 minutes and discuss thoroughly before giving a verdict.

　In 2002 Brian Banks was accused of rape and kidnapping. He was 17, a star high school football player with a prospect to play in the National Football League (NFL). In fact, he was already committed to play for USC at the time of the incident. The accuser was Wanetta Gibson, also a student at Long Beach Polytechnic High School in California. Although he denied the charges and claimed innocence, Banks was arrested. He was not only kicked off the team but was also expelled from school.

To make matters worse Banks had to wait in jail for a year until the trial, because he was unable to pay the million dollar bail. His mother had to sell her house and car to hire a lawyer.

Banks' lawyer suggested he might plead "no contest" even though he did not commit the crime. She was afraid he might not get a fair trial because he was a big black man, and might end up in jail for some 40 years if convicted. But by agreeing to a deal, Banks received the maximum sentence of five years in prison.

Gibson also filed a lawsuit against the school system—where the rape allegedly took place—and won $1.5 million in settlement.

Banks was let out of jail in 2007, after serving 85% of the sentence, at the age of 22. Then in 2012, Wanetta Gibson approached Banks, asking him to meet again. Shocked, Banks decided to see her but with hidden cameras. At their meeting Gibson admitted that she was never raped and had falsely accused him.

The second time they met he was able to get a taped confession from Gibson, and with the tape he went to the district attorney. The judge overturned Bank's conviction, and after 10 years since the arrest, he was finally exonerated.

While Banks has not filed a lawsuit against Gibson for falsely accusing him, the school district has.

▶ Step 1 Discuss the Problem

実際に起きた事件を題材にした。何が起こったかは明らかであるため、上記ディスカッション・メソッドの①と②を合わせる形で、まず問題について検討しよう。教育委員会がすでに裁判を起こしたとあるため、その判決を考えることが求められているが、もちろんバンクスが起訴する可能性もあり、そちらについて考えるのもよいだろう。

第3章 英語で話す

難しい問題を扱っているため、議論を整理進行するためにディスカッション・リーダーを決めるとやりやすい。陪審員長といったところだろうか。

> **Step 2   Possible Verdicts**

この場合の判断基準は法律や判例になる。分かる範囲で、そういった法や前例を紹介しつつ、どのような判決がふさわしいか、できるかぎりいろいろな角度から検討してみよう。

> **Step 3   Decide the Verdict**

全員が納得する判決に決定しよう。判決を下すのはなかなか難しい。それでも、決められた時間内で結論を出すようにしよう。

ディスカッションはいろいろな場で使われている。この課題はその一例である。議論をしつくして決めることがいかに重要であるか、深刻な問題になればなるほど分かるだろう。

ACTIVITY 9
Panel Discussion

In a group of five or six, prepare a discussion to be presented in front of an audience. Usually, there is a moderator and several panelists. Choose a topic as a group and prepare individually.

パネル・ディスカッションは、ディスカッションの一種である。観客の前でのディスカッションとなるため、じっくり議論するというよりも、あるトピックに関するいくつかの考え方を紹介することが目的になる。テレビなどでもこの形式をよく見かける。討論会でなくとも、ある事件の当事者や専門家がコメントをしたり議論をしたりといったものもある。

とくに結論を出す必要はなく、それは聴いている人たちに委ねる。ただし、観客から質疑応答を受けるという形式にすると、結論が出なくとも、聴いている人たちにとって満足のいくものになる。普段、漠然と思っていたことについて、

いろいろな考え方を知ることができ、さらに疑問に思っていたことにも答えてもらえるからである。

▶ Step 1　Decide on a Topic and Prepare

グループ内の全員がリサーチをしやすいトピックにする。「大学の入試改革」というトピックを選んだとしよう。グループ内で役割を決める必要がある。まずは、司会を務める人。上記ディスカッション・メソッド (Reflective-Thinking Method) ①の「何が問題なのか」といった説明をする役を担う。ほかのメンバーは人数に応じていくつかの立場を決めよう。改革を進めようとする官僚、改革に懐疑的な教員、改革の影響を心配する親、改革に賛成な学生、などなど。その役割に沿って準備をしてくる。

▶ Step 2　Present Arguments

ディスカッション・メソッドの①を司会者が終えた後に、パネリストたちは討論を開始する。②、③、④に該当することを聴いている人たちに分かりやすく明らかにしていく。改革についてどのようなことが言えるのか、判断するにあたってどんなことを考えないといけないのか、賛成の議論・反対の議論にはどのような根拠があるのか、などである。

聴衆から質問を受けるようにしよう。面接と同じで、どのような質問がされるか想定して準備しておくと、英語での質疑応答でも対応できる。

ACTIVITY 10

Mini-Debate: Agree or Disagree

In a group of four or six, you will be divided into two camps. One camp (team) will argue for a change (affirmative) and the other against the change (negative).

これは、賛成・反対に分かれて議論をする課題で、正式なディベートではない。そういうディベートをやろうと思えば、主張の根拠を集めるために1ヶ月くらいの準備期間が必要となるだろう。それでも、ある主張 ("Single-sex schools are better than co-ed schools for students.")や政策("The legal driving age should be raised to 20.")に賛成であるか反対であるか、じっくり考えてから論理的に意見を述べるという練習は、スピーキングのスキル向上にとても役立つため、ミニ・ディベートを試してみよう。

▶ Step 1　Make a Proposition

　ディベートで使用する論題（resolutionあるいはproposition）は、ライティングで学んだ、そしてスピーチでも使う主旨文（thesis statement）と同じ役割を果たす。つまり、ひとつの文章で議論となる主題を明示する。ディベートの場合、賛成／反対に意見が分かれるような論題にする。現在の状況／政策を変えることを提案するのが、肯定（affirmative）側の役割。現状維持でかまわない、と反対するのが否定（negative）側である。"Public elementary schools should have school uniforms."など、学生にとって議論しやすい論題を考えよう。

▶ Step 2　Conduct Research

　何も資料がないとディベートにならない。根拠がないからである。そこで、少なくとも一週間は準備をする時間を確保したい。賛成するにも反対するにも、証拠を挙げる必要があり、信頼できる情報を集める。そういった証拠は、論理的に明示されなければならない。

▶ Step 3　Debate the Topic

　正式なディベートではないものの、肯定側と否定側のスピーチ時間は同じになるようにする。タイムキーパーを決めておくとよいだろう。肯定側から始め、なぜ現状ではダメなのか述べる。否定側は変える必要がないことを述べ、また肯定側が提案する新しい政策についても反論する。

▶ Step 4　Evaluate the Debate

　ディベートを行う場合は、各グループ同時進行にするのではなく、ディベートをするグループごとにそれを観察・評価するグループを決めておく。ディベートの勝敗は、どちらに説得力があったかで決まる。通常のディベートでは審判が

勝ち負けを決定するが、ここでは評価票を用いて学生（聴衆）が判断する。何をもって説得力があると言えるのか、考える機会となるようにしよう。

Debate Evaluation Sample

Debate Evaluation

Evaluator: _____

Teams You Observed (write names of the members):
Affirmative:
Negative:

1. *What was the debate resolution or proposition?*

2. *How effective was the affirmative team in offering a justification for changing the present system? Was there enough evidence to support their case?*

   |──────────────|──────────────|──────────────|
   Very effective　　　Effective　　　Not so effective　　　Not effective at all

3. *How good was their plan for implementing the change?*

   |──────────────|──────────────|──────────────|
   Very good　　　Good　　　Bad　　　Very bad

4. *How effective was the negative team in refuting the affirmative case? Was there enough evidence to support their refutation?*

   |──────────────|──────────────|──────────────|
   Very Effective　　　Effective　　　Not so effective　　　Not effective at all

5. *How well did they defend the present system?*

   |──────────────|──────────────|──────────────|
   Very well　　　Well　　　Not so well　　　Not well at all

6. *In your opinion, who won the debate? Why?*

7. Additional comments on the debate:

5 スピーチをしよう
Speech Making

　スピーチは大きく3つに分けられ、たいていの教科書*では、「情報を与える (informative)」、「説得する (persuasive)」、「楽しませる (entertaining)」、と区分けしている。実際のスピーチは、どれかひとつというよりも、度合いこそ違うものの、この三つのタイプが混ざりあったものが多い。相手に情報を与える、説得する、楽しませる（笑いをとらなくともよい）、どれも普段から行っていることだろう。友人を映画に誘おうと思えば、映画について説明をし、評判などに触れながら説得をする。すでに観た人の感想を交えておもしろおかしく話すかもしれない。

　では、なぜスピーチを三つのタイプに分けて説明するのか、と思うのではないだろうか。それは、スピーチを準備する際には、目的が明確であればあるほど書きやすく、スピーチのタイプは要するに目的別に分けているのである。例えば講義は、情報を与えることが目的であるため、それ以外の部分は補足的であり、これが絶対に正しいと説得したいわけでもないし、そう、おもしろくするというのも最重要というわけではないのである。

　スピーチのやり方も区分できる。あらかじめ準備をせず即興でするスピーチ (impromptu delivery) を除くと、スピーチの仕方には、原稿を暗記して話す (memorized delivery)、原稿を読みあげる (manuscript delivery)、そしてアウトラインから話す (outline delivery)、の三つがある。それぞれを説明しておこう。

---

*スピーチの教科書は数多く出版されている。皆さんにとくに役に立ちそうなパブリック・スピーキングを扱ったものでも、いろいろある。ここではStephen E. Lucas の *The Art of Public Speaking* をすすめたい。1983年の初版以降、多くのアメリカの大学の授業で使用されているベストセラーである。

①**Memorized Delivery**　原稿がダメと言われた学生の多くは暗記しようとする。暗記したスピーチは聞いていて楽しいものではない。スピーカーが一生懸命思い出そうとするのを心配しながら聞いていなければならないからである。とは言っても、原稿がないスピーチに対する抵抗も大きい。アウトラインの使用はかまわないと言っているのだが、原稿で丸暗記しようとする。

　暗記したスピーチは、たいていは制限時間を大幅に超えてしまうか極端に短くなってしまうかのどちらかである。長い場合は、原稿にないことをつけたしてしまったり、イントロダクションのところで長い前置きを入れてしまったり。短すぎる場合はほとんどがデリバリーの問題である。練習のときはゆっくり話していたのが、本番では緊張してしまいかなりの早口になって時間が1分以上あまってしまう。あるいは、あまりの緊張で、話すべきことを段落ごとスッポリ落としてしまったりする。

②**Manuscript Delivery**　原稿を読みあげるというやり方を誰もが選びたがる。政治家やアナウンサーは、プロンプター（teleprompter）を使用して、カメラ付近などに映し出される原稿を読むことが常である。理由は明らかで、言い間違いをすれば大きな問題に発展する恐れがあり、厳密に書かれた原稿を正確に読みあげる必要があるからである。時間も厳守できる。カメラの近くだけでなく、スピーカーの右手や左手にもプロンプターがあれば、聴衆とアイコンタクトをとっているように映る。

　しかし、学生が原稿を使ってスピーチをするとなると、アイコンタクトをすっかり忘れてしまう。緊張してみんなの顔を見ることができない、早く終わらせたい、といった気持ちから、ひたすら読むことに専念する。一方的に原稿を読みあげるのでは、コミュニケーションにはならない。

　もちろん、原稿を使う場合のメリットもある。原稿に「ゆっくり読む」、「強調する」などのメモを書き込むことで、話し方の質をより高めるのに役立ち、さまざまな教科書などでも、原稿のマークの仕方、というセクションを見かけたりする。原稿ありのスピーチをするのであれば、ぜひこの利点をいかしてほしい。

第3章　英語で話す

③**Outline Delivery**　アウトラインを見ながらのスピーチは、原稿を読むわけではないため、聴衆とアイコンタクトをとりながらコミュニケーションができる(はずである)。
　　ライティングの章で、アウトラインは文章で書くということを学んだ。ここでもそうする。つまり、全体の主張、そして、それぞれのセクションのポイント(主張の根拠)をすべて書いておく。詳しい裏書きだけがないのだが、引用やデータなどは正確に伝えたいため、それらも書き出しておこう。
　　アウトラインは、A4サイズの紙に印刷するのではなく、持ちやすく目立たない(自分の顔を隠してしまうような大きな紙は使用しない)情報カードに、見やすいように大きな文字で書いておく。暗記のスピーチではないので、必要なことはいくつものカードに分けて書いておこう。
　　このスピーチの方法の特徴は、多大な練習を必要とする点である。そう聞いて皆さんガックリするかもしれない。しかし、アドリブで話すことは難しく、アウトラインをもとにどんなふうに話すのか、何度も練習を重ねて、だいたいいつも同じように話せるまでになろう。

　授業では、原稿を読みあげるのではなく、アウトラインからスピーチすることを奨励している。人の目を見ながら話すことができ、コミュニケーションがとれるからである。

ACTIVITY 11

Introducing Yourself

You will give a speech about yourself using some visual aids. You will not write your speech and read it to the class. Bring an object, other visual aids, or both to help you introduce yourself in an interesting way. You cannot use photos.

　原稿を書かずにメモから話すというやり方(outline delivery)でスピーチをする課題である。

5 スピーチをしよう

▶ Step 1　Prepare an Object and/or Other Visual Aids

"Show and tell"を自己紹介に応用した課題である。アメリカの小学校ではよく、この何かを見せながら (show) それについて話す (tell)、というスピーチが授業に取り入れられている。見せる物がある、つまりトピックが限定される、ということは、焦点が絞られた明確なスピーチになる。同じように、何か見せながら話す、というスピーチとしてobject speechと呼ばれるものがある。ある物 (object) を説明することが目的となる (ライティングのdescriptive paragraphに似ている)。その応用として、物を使って自己紹介をするやり方 (personal object speech) がある。視覚に訴えてくるものがあると、聴いているほうも覚えやすい、というメリットもある。

この課題では、明確なスピーチ、印象に残るスピーチを目指して、何か自分を表現できる物や絵を使って自己紹介をする。絵の場合はすべて自分で描くこと。写真の使用を禁止にしているのは、情報が多すぎるため、聴いている人の視線はそこに集中してしまいがちだからである。また、大きく拡大しないかぎり、全員が見えるようにならない。「絵が下手」と心配する学生もいるが、芸術的なものを創作することが目的ではなく、個性を明らかにするものを見せることが大事である。なんといっても、このスピーチの目的は自己紹介なのだから。

▶ Step 2　Practice Speaking

原稿を書かないスピーチであるため、練習が必要である。複数の絵を使用するならば、それらを関連づけると、話すことも思い出しやすい。ライティングと同じで、まとまりのない話をするよりも、ひとつのテーマに沿って自己紹介をする方がより具体的になり、覚えてもらいやすい、ということもある。「高校生活」にフォーカスを絞り込んだスピーチであれば、部活動や友人などの絵になる。絵は三枚もあれば十分。紙芝居のように見せるため、絵の裏にメモを書いておくこともできるが、読みあげることのないように、聴いている人たちに語りかけるように話せるよう、何度か練習しておこう。物を使ったスピーチでは、大事にしているものなど自己表現できるようなものを選ぶ。この場合は裏にメモ書きするというわけにはいかないため、簡単なアウトラインを情報カードに用意しよう。もちろん、練習が大事である。

第3章　英語で話す

📖 Visual Aids

　5〜8分くらいの短いスピーチにパワーポイントは必要ないと思っている。使用可にすると、ほとんどの学生が効果的なパワーポイントを作成することに労力を費やしてしまい、肝心の練習が疎かになる。これでは本末転倒である。

　パワーポイントは必要ないと言いつつ、視覚的な補助が有益であることは否定しない。その効果を感じてもらうために、視覚的なものをひとつだけ使うことを許している。情報を伝えるスピーチであればデータを整理した表など、説得が目的のスピーチであれば何か主張に関連する写真を見せるのもよいかもしれない。環境汚染を強調したいのであれば、汚れた川の写真などだろうか。

　ただし、こういったものは、あくまでも補助であって、それがすべてのようになってはいけない。スピーチは完璧である必要はなく（もちろん弁護士や政治家になろうというのであれば、それなりに上手くはなりたいだろう）、あくまでも聴いている人たちとうまくコミュニケーションがとれればよいのである。あまりにスライドが立派で、聴衆がそこにしか目がいかなくなってしまうというのであれば、スピーカーの存在意義はなくなってしまう。

　プリントを配ることもすすめない。というのも、ひとたび何かを渡してしまえば、聴衆の聞こうとする意志は半減してしまい、プリントを先読みすることに集中してしまう。スピーカーがアイコンタクトをとろうにも、聴いているほうの目はプリントに釘づけなのである。写真などを回覧するのも同じように悪影響となる。受け取る、あるいは次の人に渡すことに気をとられて実際のスピーチに集中できなくなる。

　コミュニケーションをしっかりとるためには、スクリーンやプリントのように妨げとなるものは使わないようにしたい。

ACTIVITY 12

Adapting a Speech to an Audience

When you start college in April, you have to introduce yourself to (1) your classmates, (2) important alumnae at a lunch where you receive an award, and (3) children you will teach at a juku for your part-time job. How would you change the content of the speech, or any aspect of the delivery according to the audience? In groups give examples and discuss how to adapt a speech to an audience.

聴き手を意識してスピーチの準備をするという課題である。異なる年齢層が例として挙がっているが、男性（あるいは女性）ばかりの聴衆、外国人（あるいは地元民）相手、専門家（あるいは素人）向け、などさまざまなシチュエーションを考えてみるのもよい。

▶ Step 1 Know Your Audience

年齢層がまったく異なる三つのグループに対してスピーチをする際、どういったところを変えるべきなのか、考えることが求められている。準備の段階では、まず話す内容について考える。同級生には参加しているサークルや履修している授業のこと、大学の卒業生（すでに退職しているような年齢ということもあるだろう）には部活動や尊敬する人物について話すかもしれない。幼稚園児には自分の好きだったテレビ番組やヒーロー、ゲームの話などが適するだろう。

▶ Step 2 Adapt to Your Audience

仲間相手、幼稚園児を相手に話す場合と60代の会社役員に話すのとでは、内容ばかりでなく話し方も違ってくる。選ぶ語彙や話す速度などを考えなければならない。小さい子どもには平易な英語で分かりやすく、おそらく身振り手振りや表情も含め、身体全体を使ったスピーチにならないか。年上の卒業生を前にしては、失礼に映るかもしれず、そこまでパフォーマンス的な話し方はふさわしくない。

第3章 英語で話す

6 情報を伝えよう
Informative Speech

　授業では、情報を伝達するタイプのスピーチ (informative speech) が課題として与えられることが多い。リサーチ重視であるため、まさにアカデミックな場にはぴったりなのである。しかし、効果のあるスピーチを達成するのは難しい。評価が分かれてしまうことがあるからだ。つまり、そのトピックについてそれなりの知識がある学生は、「つまらなかった」、「何も学ばなかった」と一蹴してしまい、予備知識のない学生もまた、「難しかった」、「何を言っているのかよく分からなかった」と批判的なのである。ちょうどある程度の知識があり、それにプラスして知りたいと思っていた学生だけが、「おもしろかった」、「役に立った」と好意的に評価する。

　情報を与えるスピーチは、説得をするスピーチより簡単に見えるかもしれない。、しっかり調べさえすれば大丈夫、と。しかし、難しいトピックを分かりやすく話す、というのはそれなりのスキルを必要とする。ライティングで試みた定義づけのパラグラフ (definition paragraph) を思い出してほしい。それをそのまま読みあげても、うまく伝わらないだろう。図や表などを見せながら、ゆっくりとことばを選んで話す必要がある。学術的な内容を明確に話すには練習が必要で、説得を目的としたスピーチ同様に準備に時間がかかる。

　まずは、準備の手順を確認しておこう。

① **Know the Audience.**　ライティングでは、まずアイディアを思い浮かべるブレインストーミングから始めた。スピーチでは、その前にもうひとつ大事な作業がある。聴衆を知ることである。どんな相手に話すか分からなければトピックすら決められない。誰のためのスピーチなのかまず確認する。聴衆の年齢、男女比、職業など。情報を与えるスピーチをするのであれば、聴く人たちがそのトピックについて、どれくらいの知識があるのかある程度は知っておくべきだろう。実はライティングでも読者を想定することは重要で、手紙の返信などは相手がわかっているために書きやすかったと言える。

② **Find a Topic.** 聴衆が誰か分かっている授業内のスピーチであっても、トピックを決めるのは難しい。クラスメートが何に関心があるのか分かっているようで分からず、自分にとっては刺激的なスポーツを選んでみたけれど、学生からのコメントに「トピックに興味を持てなかった」と書かれてしまったなんてことはよくある。そこで、早めにクラスでトピックを宣言して、興味があるかどうか確認することをすすめる。アンケートをとるなどしてクラスメートがそのトピックの予備知識をどれくらい持っているかも知っておくと準備がしやすい。

Using Questionnaires

　教室で全員に質問を投げかけ挙手で回答してもらうというのが手っ取り早く聴衆を知る「クラス調査」だろうが、より正確な回答結果を望むのであれば、アンケート用紙を作成することをすすめる。

　その際、質問の項目をずらっと並べて文章による回答を求めるような質問票は回収率が悪いので気をつけよう。わざわざ時間をかけて詳しく答えようとは誰も思わない。

　記入する人にとって手間がかからないように、「はい・いいえ」あるいは「はい・いいえ・わからない」で答えられるような問いや、あることについて「とてもそう思う、そう思う、そう思わない、とてもそう思わない」のように程度を答えればよいくらいの問いを並べれば、多く回答してもらえるようになる。

　短答が主な質問票の最後に、一つ二つ自由回答を入れてもよいだろう。ついでに書いてもらえる可能性が高い。

第3章　英語で話す

③ **Write a thesis statement.** スピーキングの教科書では、まずスピーチの目的を書き、それを主旨文 (thesis statement、central ideaといったことばが使われる) に書きかえるといった説明をよく見かける。スピーチの目的を表した文章は、例えば、"To inform my audience about the dangers of driving while talking on the phone even when using a hands-free speaker-phone." のように、聞いている人に対してどうしたいのか (＝危険について教えたい)、が書いてある。

　この目的を、例えば、"Talking on the phone while driving, even when the driver is using a speaker-phone, has caused many accidents, so many states are now considering the ban on all use of cellphones while driving." のようにスピーチで言いたいこと (ライティングのときに使ったthesis statement) に発展させる。エッセイや論文と同じように、スピーチにも必ず言いたいことがひとつある。これを必ずひとつの文章で表すようにしよう。前章でも書いたように、文章がいくつにも分かれてしまうのであれば、それはまだ考えがまとまっていないということである。

④ **Conduct research.** 言いたいことが決まれば、次のステップは、その言いたいことをどう証明するのかを考え、裏書きするための資料を探すことである。新しいことを教えるには、もちろん説得するときも同じで、データや数字、具体例、引用などが必要で、リサーチが欠かせない。もし、挙げられるデータや引用が何もないのであれば、証明することが難しく、言いたいことも変更せざるを得なくなる。説得することを目的とするスピーチならば、調べるときは反対の意見についても調べておこう。「こういう考え方もある」と批判されたときにすぐに答えられるように、反対の立場の人たちがどのような考えを持っているのかは把握しておきたい。

Credible Sources

　ライティングにしてもスピーチにしても、その完成度はリサーチの質の高さにかかっている。信頼性の高い資料を集める、つまりクリティカルに取捨選択をすることが大事である。かつては「ネットだけに頼るリサーチをしないように」と話していた。しかし、いまではパソコン上で大学の図書館に入って、論文や雑誌・新聞記事の検索をすることができる。また、海外の大学の図書館などが閲覧可能にしているさまざまな資料を利用できる。ウェブ上の資料探しは、判断の基準さえしっかり決めておけば、とても便利である。

　まずは、信頼できるサイトであるかどうかを見極めよう。省庁などの公的機関、大学などの研究機関、新聞などの報道機関、あるいは企業やNPOなどのHP、などがある。

　次に、利用しようと思っているデータが、信憑性があるかどうか（誰が作成したもので、その調査方法や参考にした資料などが示されているか）、最新のものであるかどうか（古いデータはすでに覆されているかもしれない）、なども見てみよう。

　データはひとつの情報源からだけでなく、複数あたってみて、数字などにズレがないことも確認したいものである。

　リサーチで取り入れてほしいことにインタビューがある。自ら連絡をとって、専門家などから話を聞くということを、ぜひやってもらいたい。面倒と思うかもしれない。しかし、生の声から学ぶことは大きい。

　面接の課題で学んだことを、こういったインタビューにもあてはめることができる。まずは面接の申し込みをする。その際には何が目的なのかなど明らかにする必要がある。また、インタビューにはしっかり準備をして臨みたい。少し調べれば分かるようなことを聞くのでは意味がない（失礼でもある）。メモ程度の用意では不十分で、質問はきちんと書き出しておくべきである。どれくらい詳しく答えてもらえるかは分からないため、多めにリストにしておく。インタビュー中はメモをとろう。

第3章　英語で話す

⑤ **Make an outline.**　何が言いたいのかも分かり、その根拠となる資料も集まった。次に考えるべきは、構成の仕方である。ライティングと同じで、スピーキングの教科書でも、構成の仕方ごとに章や項目が分かれていることが多い。Chronological あるいは Sequence などと名づけられているのは、時間の経過を追った構成で、手順を説明する How-To Speech に用いられるものである。ほかにも、自己紹介など人を紹介するスピーチを、高校時代、大学時代、就職してから、のように時間を追って話すと分かりやすい。Spatial（空間的な＝右から左、上から下、など）は、例えば、建物の構造を説明するときなどに役に立つ。第一に、第二に、など話題ごとに構成する Topical というパターンもよく使われる。

　説得するスピーチで使われることが多いのは、Problem-Solution、Comparison-Contrast、Cause-Effect、といったパターンである。問題を分析し解決策を提示する、比較をする（比較しながら最適のものを示す）、ある問題の原因を追究する（影響を明らかにする）。Problem-Solutionは、ディスカッションのところで使用したやり方に似ている。何が問題となっているか説明し（Situation）、さらに分析（Problem）、それから解決策を提示（Solution）、検討（Evaluation＝評価基準を使用して）と進める。

　スピーチの目的によってどれを利用するか決めることになるが、実際にはこれらのパターンが複合的に使われていることもある。

⑥ **Write an introduction.**　スピーチのイントロダクションは、論文のイントロダクションと変わらない。読者（聴衆）の関心を引くオープニング、主張の明示である。

　聴衆の気を引くためによく使われるのは、問いかけである。「皆さんにも○○という経験があるのではないでしょうか」のような、実際には返答を期待しないものの、聴き手が頭のなかでそのことについて考えるよう誘いかけるものである。相手を驚かせる、あるいは挑発的なことを言う、というのもありだろう。聴きたいという気持ちを持ってもらえればいいわけで、誰もが知っているような人からの引用、あるいは小話（物語は誰にとっても分かりやすく引き込まれやすい）、なども入りやすく有効であろう。

　もし、聴いている人たちが普段あまり読んだり、見たりしているトピックで

6　情報を伝えよう

はないのならば、イントロダクションで背景となる情報を提供しておくのもいい。また、全体像を示しておくと (preview) 親切である。「最初に○○について、次に△△について、その後で□□について話します」、と知らせておくのである。興味を持ってもらい、話の流れも伝えたところで、最後に③で準備したスピーチの主旨・主張を述べてイントロダクションを終える。

⑦ **Write the body with transitions.**　スピーチでもライティング同様、つながりはとても重要となる。つながりを表す語句については、2章のライティングのところで書いた。ここでは、繰り返しについて強調しておこう。スピーチなのでくどいほどでもかまわない。有名な (要するに、耳に残る＝覚えやすい、ということだろう) スピーチは、キー・フレーズが何度も出てくる。例えば、オバマの2008年大統領選の遊説演説 ("Yes, we can.") が思い出される。

　聴衆は原稿を目にできるわけではなく、スピーチを初めて聞く、それも一度だけしか聞かない。そのため、明確な構成はもちろんのこと、大事なポイントの繰り返しが必要になる。それぞれのセクションの終わりに何がポイントであったかを述べる、次のセクションの始まりで前のポイントとの関連性を伝える、それぞれのセクションでもスピーチのメッセージを繰り返す、といったことが効果的となる。「ここまで○○について話しました。ここから△△の話になります。」といったような文章である。こういったやり方を、教科書などでは、internal summariesとかinternal previewsと呼んでいる。

⑧ **Write a conclusion.**　コンクルージョンも大事である。イントロダクションとコンクルージョンの長さを比較したときに、イントロダクションのほうが情報も多く (背景的な説明や本文の流れの予告などがあり) 長くなるはずである。コンクルージョンはスピーチの要約と主張の繰り返しとなる。コンクルージョンの段落にきたところで、"In conclusion" や "In summary" などのフレーズを使って、いよいよ最後の段落であることを知らせておくとよい。こうして聴き手の注意を喚起した後で主張を繰り返せば、何がポイントだったのかということを確認できる。

　コンクルージョンで新しい考えを披露するようなことはやらない。突然それまでの内容とは無関係のことを言ったりすると、主張が見えなくなってしまう。

第 3 章　英語で話す

> **ACTIVITY 13**
> # Informative Speech
>
> Prepare a 5-minute informative speech on any topic you choose. Make sure it is a topic that would interest your classmates. You can use one visual aid to enhance your speech. Make sure you attach a bibliography to your outline. This will be submitted <u>right before you give your speech.</u> You must use extemporaneous delivery for this speech.

　いよいよ本格的なスピーチの課題である。152〜157頁の手順に沿ってスピーチを準備しよう。

▶ Step 1　Know Your Audience / Select a Topic

　「ふさわしいトピック」として、教科書などでよく挙げられているのは、「流行の話題（hot topic）」である。オリンピックやワールドカップの年は関連するトピックであれば多くが興味を持つであろうし、選挙の年は政治の話題が盛りあがり、世間を騒がすような大事件があれば犯罪に関するスピーチも興味を引くだろう。しかし、こういったトピックについては誰もがそれなりの知識を持っている（「そんなこと知っている」と言われてしまいがち）。聞いたことはあるけれどあまり知らないといった、そういう意味で「新鮮」な話題を選ぶようにしよう。

▶ Step 2　Write a Thesis Statement

　ライティングのところで、「トピックをアナウンスするのと、言いたいことを文章で伝えるのは違う」と書いた。ところが、なぜかスピーチとなると "Today, I will discuss daylight saving time." のように、○○について話しますという「予告」になってしまう。あるいは、"Many countries now observe daylight saving time." のように、事実を述べることで終わってしまう。情報を提供するスピーチであっても、全体の主張が何かを明らかにしよう。明確に、"There are two merits to introduce daylight saving time in Japan: to reduce energy consumption and to decrease traffic accidents." と言えば、聴いている人たちは、サマータイムを日本で導入した場合の利点を二つ教えてくれるスピーチであることが分かり、さらにはそれらが、電力の節減と交通事故の減少であることまで知るのである。

▶ Step 3　Conduct Research

　このタイプの情報を提供するスピーチを課すと、役に立ちそうな情報源をひとつ見つけて、その内容をまとめてしまおうとする学生がいる。これでは受け売りどころか剽窃になってしまう。課題には、参考文献リストをアウトラインとともに提出する、とある。つまり、どれくらいしっかりとリサーチをしているのか、複数の情報源にあたってスピーチを作りあげたのか、を示さなければならない。アカデミックな場では、何よりも大事なことだと認識してもらいたい。

📖　Avoid Plagiarism

　スピーチでも剽窃の可能性がある。調べた資料については必ず、"According to ..." などのフレーズを使って、出典を挙げるようにしよう。しかし、それだけでは不十分である。ライティング以上に、人のことばをそのまま使用してしまうことが多いのではないか。いくら出典を明らかにしたからといって、その人の言い回しをそのまま拝借してスピーチをすれば、これは明らかに剽窃である。いちばん厄介なのはパッチワークになっている剽窃で、いくつかの情報源から少しずつ文章を借りてきてスピーチを構成する、といったものである。

　スピーチでは信頼性 (credibility) がすべてである。この話し手は信用できないと思われてしまえば、スピーチの目的も消滅する。聴き手あってのスピーチなのだから。スピーチでの剽窃は学生もよく気づく。「教科書に載っていたスピーチ」、「ネットに挙がっていた記事そのまま」、などと指摘する。そう言われた学生はクラスメートの信頼を一瞬にして失い、そのダメージははかりしれない。英語を「学ぶ」場である、自分のことばで表現するようにしよう。

第3章　英語で話す

▶ Step 4　Make an Outline

　資料を十分に集めたところで、どの構成パターンで話すかを決め、それに沿ってアウトラインを作ろう。上記のサマータイムのスピーチであれば、ひとつ目の利点、二つ目の利点と挙げていくため話題別に整理するパターン (topical) になろう。構成を練っているうちに、すでに導入済みの外国の例を挙げようと思えば、それぞれの話題のなかで、比較のパターンを用いることになる。

　アウトラインをスピーチの直前に提出することが求められている。「原稿はありますがアウトラインは後で出します」という学生がたまにいる。アウトラインなしでスピーチは書けないはず。どうやってスピーチを書いたのか疑われてもいけない。きちんと出すようにしよう。

▶ Step 5　Write an Introduction / Think of Transitions

　スピーチでは、ライティング以上に、出だしの文章ができを左右する。「面白そう」と思ってもらうだけでなく、「聞かないと損」という気にさせることができれば、しめたものである。

　このスピーチはアウトラインから話すやり方 (extemporaneous delivery) でするよう指示がある。しかし、誰だって緊張すると頭の中が真っ白になる。そこで、イントロダクションだけはそっくりそのまま書いておくことをすすめる。情報カードに書きだしてかまわない。最初さえ乗り切れば、後はつかえることなく話せることが多い。カードには、"I have just discussed how daylight saving time can reduce energy consumption. Next, I will talk about how it can also decrease traffic accidents." のような、つなぎの文章も書いておくと、話題の転換がきちんとできる。

▶ Step 6　Write a Conclusion

　コンクルージョンもまた書きだしておこう。スピーチの場合、話しているうちに時間がなくなってしまうことがよくある。そこでなんとか終わらせないといけないのだが、コンクルージョンを落とす、ということのないようにしよう。必ず全体の要約と言いたいことの繰り返しをする。短い結びの文章をカードに書いておけば、「時間です」と言われても、とりあえずその文章だけは読みあげられる。

6　情報を伝えよう

❯ Step 7　Prepare a Visual Aid

　この課題では、何かひとつ視覚に訴える補助資料を使ってよいとなっている。5分でひとつとなると使い方に工夫が必要である。次々に写真や図、グラフを見せられるパワーポイントとは違うため、情報をまとめた図やチャートが効果的だろう。視覚資料については150頁参照。

📖 Using Pauses

　どうしたら英語のスピーチが上達するか、さまざまな本が書かれている。どれも経験者・教育者が語るのであるから参考になる。そういったものから、最も参考になることをひとつだけ挙げるとしたら、「間をとる (pause)」になろう。何も言わないことがとても効果的なのである。イントロダクションを終えて、さあ本文というとき、セクションとセクションのあいだ、コンクルージョンの前、などでは一呼吸おきたい。あとは大事なポイントの前でも、ちょっと間を入れると、聴いているほうもハッとしてしっかり聴こうとする。

　日本語が母語の人の英語が聞きとりにくいとすれば、それはひとつひとつの単語の発音が聞き取れないというよりも、文章の終わりだけに間をおくために (文が終わっても間が必要ないときだってある)、何が大事か分かりづらいからなのである。

第3章　英語で話す

> **ACTIVITY 14**
>
> **Radio News**
>
> In a group of five or six you will create a radio news program. Each person in the group must prepare one news report. You must read it as a professional reporter with clear and accurate English. One or two reporters will be hosts who connect news segments. Each group has 15 to 20 minutes to present the program.

　ニュース報道は情報を伝えるスピーチの一種である。この課題では、原稿を読みあげるやり方（manuscript delivery）をとるのだから（ラジオ番組なので、アイコンタクトを取らなければという気がかりもない）、しっかりと原稿に書き込みをしてみよう。以下のステップでは、この書き込みを意識した準備になっている。

▶ Step 1　Create a Radio News Broadcast

　課題はグループごとにラジオのニュース番組を作るというものであるから、まず、メンバー全員で番組名、趣旨などを決めよう。朝のニュースなのか夜のニュースなのか。どういう聴取者層をターゲットにしているのか。リスナーを想定して、ニュースの内容を考え、国際、政治、経済、社会、文化、など役割も決めよう。
　グループでは、上記手順の⑥、⑦、⑧を準備しよう。"This is the afternoon news." といった始まり、"For World News Radio, I'm William Thornton." のような終わりをきちんと入れよう。そして、ニュースとニュースのつなぎ方なども工夫する ("Venus Johnson reports from Tokyo . . ." など)。

▶ Step 2　Write Your Script

　グループでの担当が決まれば、決められた役割に沿って、読みあげるニュース原稿を準備してくる。第2章の課題5で書いた新聞記事を利用してもかまわな

いが、目で読む新聞と耳で聴くニュースでは文章の長さや語彙に違いがある。聴いている人に分かりやすいように、短めの文章、平易な英語に直しておこう。それぞれ3分ほどしか持ち時間がないため、長くなり過ぎないように気をつける。1分間に150語を目安に準備してみよう。1分120語くらいにすると、ゆったりした感じになるが、あまり遅いと内容が薄く間延びしたニュースになってしまう。なので、遅くする必要はないが、緩急をつけると聞きやすくなる。

❯ Step 3　Mark Your Script

ここでは話し方について考えてみよう。緩急をつけると書いたが、原稿に「ゆっくり読む」、「声を大きめで」などと書いておくと便利である。さらに、どこで間を入れるかということもマークしておきたい。切れ目なく続いていくスピーチは聞きとりにくい。聴衆は原稿を目で追っているわけでもなく、ただひたすら聴いている。ところどころで「間」がなければ、聴いたことを咀嚼する時間もなく、なんだか難しいな…と思っているうちにフェイドアウトしてしまうこともあろう。「間」は効果的であるばかりでなく、オーディエンス・フレンドリーなのである。

❯ Step 4　Practice Your Speech

原稿ができあがったら、何度も読む練習をしよう。英語は抑揚のある言語と誰もが理解している。だが、そのように話すのは簡単ではない。コミュニケーションでは、発音よりもこの抑揚のほうが重要である。抑揚をつけて話すことに慣れていない人が、ごく普通に話せば「熱意」が感じられない、つまり「やる気なさそう」なスピーチに映ってしまう。それを避けるには、声の調子に変化をつけるなど、やや芝居がかった話し方をしてみることをすすめる。

　ニュース報道でオーバーに話すのはおかしい、と思うかもしれない。確かに落ち着いた口ぶりは信頼できる話し方といえる。しかし、コミュニケーションは、熱く語るところ、落ち着いて話すところ、など取り混ぜるほうが、伝わりやすい。「つまらない」と相手が思うとき、それは必ずしも内容のせいとは限らず、話し方であったりする。臨場感のある伝え方を試してみよう。テレビではないので、パフォーマンスでごまかすわけにはいかない。

第3章　英語で話す

📖 Using Voice Inflection

　声の抑揚 (voice inflection) といえば、すでに会話の課題で行ったように、声の大小、高低、調子を変えるなどして表現することである。大事なことばを強調したり (stressing)、その語を伸ばして発音したり (stretching)、その前で間を置いたり (pausing)、ということも、含まれる。もっと熱意を込めて (enthusiastically) 話すとスピーチがぐっとよくなるというのは、このように発話の仕方を工夫するということであろう。そうは分かっていても、なかなかうまくいかないのが現状ではないか。

　アン・クック (Ann Cook) の *American Accent Training* では、アメリカ英語の話し方を教えるにあたって、声の調子を上げ下げすること (staircase intonation) を奨励している。発話にメリハリをつけるということだが、とくにイントネーションの高低に注目する。強調したい単語にくると、しっかりイントネーションを上げて、次の強調したい単語まで、階段を下りるように少しずつイントネーションを抑えていく。そして、また大事な単語にくるとイントネーションを一気に上げて、それから階段を下りてくる。この繰り返しとなる。「単語」と書いたが、正確にはその単語のなかのアクセントのある「音節」となる。こういったやり方を試してみるのもよいだろう。

6 情報を伝えよう

ACTIVITY 15
Miming a Speech

Find an impressive speech scene from a movie (or a famous speech video on the internet). Watch it several times and then prepare to perform it in class. Make sure to imitate the voice inflections, facial expressions, and gestures of the speech.

発話の練習として、さらに「芝居がかった」ことに挑戦してもらおう。正確には「演じて」もらう。映画『イリノイのリンカン』(1940年) のリンカンのスピーチ (もちろん討論の相手であったスティーヴン・ダグラスのスピーチでもかまわない) や、有名な演説 (例えばロバート・ケネディ司法長官のキング牧師暗殺直後のスピーチ) などを映像で探して、それをそのまま (声の調子や間の取り方などを含め) 真似てスピーチをするという課題である。5、6分の短いものを選ぼう。長いスピーチを部分的に利用するというのでもかまわない。

▶ Step 1　Observe and Practice the Speech

短いものであるから何度も見ながら、抑揚のつけ方、話すスピードなどを覚える。できれば、ジェスチャーや表情も観察して、できそうなことは取り入れてみよう。何度も練習すれば、同じようにインパクトのある話し方ができるようになる。政治家のスピーチに限定することもない。ハリウッド映画には法廷ものも多く、弁護士の最終弁論などでもよい。

▶ Step 2　Perform the Speech

教室で演じてもらう。真似をしているので恥ずかしさは半減。ほかの学生はもとのスピーチを観ていないことも多く、たいていはクラスメートの上達した話し方に驚く。あくまでデリバリーの練習となるが、話し方に自信を持てるようになれば、後で行うスピーチも楽しくなる。

第3章　英語で話す

📖 Using Gestures

　身ぶり手まねと聞いただけで、多くの学生は引いてしまう。しかし、ジェスチャーはなにもオーバーに手を振り回すことを指すわけではない。例えば、手の動き。後ろに回すべきか、前で合わせているべきか、それとも横にあるべきか。手が見えないと何かを隠している印象を与え、手を固く握っていたり揉んでいたりするのも極度に緊張しているようで印象が悪い。手を使っていない時は身体の横に、始終使う必要はなく（つねに手が動いていれば聴いているほうの気が散る）、何かを表現したい時（例えば、大きさや広さを示す、図を指す、強調する時）だけ動かすとよいだろう。

　演説台があれば、その縁に手を添えてもよい。いちばん落ち着くのは、手に何かをもっていることだろう。スピーチのアウトラインを書いたカードやポインターなど、何かあれば手持ち無沙汰にならず、しかも自信があるように映る。

ACTIVITY 16

Commemorative Speech

　The purpose of this speech is to inspire and celebrate instead of inform. Choose a person or organization that you respect and that represents your values. In your speech praise and celebrate those values.

　この課題は、課題13の情報を与えることを目的としたスピーチに似ているが、そうではない。聴いている人たちの気分を高揚させることが目的、と言ってもあまりピンとこないだろうか。卒業式など記念式典のスピーチと言えばどうだろう。ある人や組織、出来事を讃えるのである。「何か」について語らなければならないため、「情報を与える」スピーチ同様リサーチが必要である。情報が間違って

6　情報を伝えよう

いたりすれば元も子もないため、時間をかけて探したいものである。こう話すとまじめな学生は情報提供のスピーチを準備してしまう。例えば、リンカン大統領について調べてくる。奴隷解放を実現した英雄として描き出す。彼の演説もふんだんに引用する。いかに立派な人であったかがスピーチの主旨となる。しかし、これではこの課題のスピーチとしてはふさわしくない。

　なぜだろうか。まずこのスピーチを大学の卒業式で行うものとして考えてみよう。「リンカンは偉大な大統領でした」ではなく、「皆さんもぜひリンカンのような立派な人になってください」というメッセージのほうが適当ではないか。聴いている卒業生に高揚感を与え、「そうだ自分もやってみよう」と思わせなければならないのである。そこから聴衆（と）の一体感も生まれる。

❯ Step 1　Celebrate Values

　まずは、観客と共有したい価値観について考えてみよう。上記リンカンをある価値観を伝えるための媒体として考えた場合、どういったことが思い浮かぶだろう。「自由」、「国家統合」、「民主主義」などだろうか。例えば、リンカンが奴隷解放によって示した「自由」こそ、継承すべき（守るべき）価値観なのだ、と訴えることができる。つまり、「リンカン大統領」という媒体を通じて、「自由」という価値観を賛美すれば、スピーチの目的を達成したことになる。

　媒体は違っても似たようなメッセージになるのでは、という指摘もあるだろう。確かに、誰もが尊重する価値観を選ぶとなると、「忠誠」、「献身」、「奉仕」などとなり、重なってくる。それでもかまわない。媒体が違えば、異なるスピーチになるのだから。

❯ Step 2　Use Vivid Language

　では、上記に述べた価値観をどのように伝えればよいのだろうか。ことば（language）の重要性を考えてみよう。人を感動させようというのだから、それなりに創意工夫をすべきで、人びとの記憶に残る名演説には、そういった工夫を多く見つけることができる。例えば、繰り返し——音、単語、語句、構文の——が使われている。リンカンの「人民の人民による人民のための政治（government of the people, by the people, for the people）」というフレーズはまさにそういったものになる。ぜひ、スピーチに取り入れてもらいたい。

第3章　英語で話す

　よくスピーチの教科書では、「鮮やかな (vivid) なことばを使おう」と書かれている。使い古されたようなことばではなく、そのことばを聞けば情景を思い浮かべることができるような、そんなことばを想定している。「〇〇のような」といった説明を加えてもよいし、比喩・暗喩などを使ってもよい。多彩なことば (colorful language) とも説明されるように、視覚だけでなく、聴覚、嗅覚、触覚、味覚などにアピールする。「物音ひとつしない静けさのなかで」とか「身を切るような寒さ」など普段なにげなく使っている表現を、英語でも心がけるようにすれば「鮮やかな」スピーチになるだろう。

▶ Step 3　Inspire the Audience

　聴衆を鼓舞するスピーチは、話し方も感動的でなければならない。課題15で試してみた話し方などを参考に、ジェスチャーなども使いながら話すようにしてみよう。

7 説得をしよう
Persuasive Speech

　ここからは説得を目的とするスピーチ（persuasive speech）に挑戦する。いかに聴いている人を説得するか、というスピーチである。スピーチが上手いというイメージが強いのは政治家であろう。それもそのはず、政治家は選挙に勝たなければ職を得ることができず、勝てるかどうかは選挙演説の出来にもよる。課題17では政党のマニフェストを作ってもらい（グループワーク）、課題18では選挙演説を書いてもらう。いかにして一人でも多く自分に投票してもらうか。相手候補の欠点を並べ立てて自分を引き立たせよう、などという手段はとらないでほしい。

ACTIVITY 17

Party Platform

Establish a political party with your peers. The party can have as many members as it wishes but at least two. Together prepare an election platform (manifesto) to present to the class. Each party has 10 to 15 minutes on the stage. You may use the time freely; for instance, you can have several speeches, or you can use 5 minutes for question and answer.

▶ Step 1　Establish a Political Party

　女性の社会進出、景気回復、環境保全、など自分が興味を持っている論点（issue）は何かを考え、同じような考えの人を見つけ出すところから始めよう。意見が合えば集まって、関心のあるその問題について議論しながら、政党をつくってみよう。名前も必要である。政党名なんてすぐに思いつくと高をくくってはいけない。自分たちの政党の立場をひと言で伝えるのであるから、決めるのは難しい。もちろんすでに使われているものを拝借するというのもダメである。

第3章　英語で話す

▶ Step 2　Write a Party Platform / Manifesto

　政党名を考えたなら、次にマニフェストを作成しよう。主張である。新聞の見出しのときと同じように、文章で書くようにしよう。箇条書きでは何がしたいか明確にならない。「減税！」と謳っても、何をどう減らすつもりなのか、どうやってそれが実現できるのか分からなければ、有権者はそう簡単には納得しない。スピーチの準備を復習すると、①聴衆を知って、②トピックを決めて、③主張を書いて、④リサーチをして、⑤アウトラインを作る、という流れだった。①有権者、②選挙演説、③政党名とマニフェスト、と準備がすすめられるが、マニフェストを作成する段階で④のリサーチが必要となり、⑤はマニフェストに沿ったものになる。

▶ Step 3　Enhance Your Credibility

　人を説得させるスピーチでは、信頼を得ること (credibility) が重要となる。候補者の宣伝には大概その人の経歴が書かれている。応援演説でも、候補者のこれまでの業績や活躍が明らかにされる。これらは、いかに候補者が信頼できる人物であるか保証するためにある。有権者がどのような人を信頼するのか想定したうえで、それに見合う経歴や経験を披露する。学歴を重視するだろうと思えば、出身大学や留学経験などを前面に押し出すことは効果があると考えられる。聴衆がどのような人たちかによっても強調する点は違ってくるだろう。子育て世代に語りかけるのであれば、良き親であることを示すのもよい。話し手を信頼できなければ、スピーチにもなかなか説得されないからである。

▶ Step 4　Offer Practical Plans

　どんなに素晴らしい政策を提示しても、それが実現不能な夢物語では意味がない。実際にはできそうにもないことを約束すれば、有権者の票を見込むことはできない。ディスカッションのところで学んだことを思い出してみよう。判断基準を決めてから解決策を考えていった。つまり、どれくらいの予算があって、どれくらいマンパワーがあって、などを決めておかなければ、バラ色に描いた未来は絵空事と一蹴されてしまう。公職に就こうというのだから、予算など何も知らないようでは困る。きちんと調べたうえで、現実的な公約を掲げるようにしたい。④リサーチをする、⑦スピーチを書く、ところで配慮すべきことになる。

7　説得をしよう

> **Step 5　Deliver Your Platform**

　実際に壇上に上がって党の政策を説明するときは、グループ全員で交代しながらスピーチをしてもよいし、さらにそれぞれが候補者、候補者の家族、候補者を支援する現職議員、など役割を担うというやり方でもかまわない。質疑応答の時間を長くとって、聴衆からの質問に丁寧に答える、という方針でもよい。持ち時間の使い方を工夫しよう。政党の考え方に賛同して投票してもらうことが目的である。役割などが決まれば、スピーチ準備の⑥、⑦、⑧をしよう。おもに⑥の全体のイントロダクションを担う人もいれば（信頼性の構築が大事になる）、⑦の党の政策を詳しく説明する人、⑧の最後のまとめをする人と分けてもよい。

ACTIVITY 18

Running for an Office

Imagine yourself running for an office, for example, Yokohama mayor or Tokyo governor. Write a 5-minute speech to persuade your audience to vote for you. Use Monroe's Motivated Sequence to convince your audience.

　前の課題はグループワークだったが、ここはそれぞれがスピーチをする。選挙演説であるため、ここでもいかに説得するか、がポイントとなる。①〜⑧の手順でスピーチの準備をしよう。この課題では、さまざまなスピーチの教科書で必ず紹介されている説得パターン、モンローの説得技法 (Monroe's Motivated Sequence)、を使うよう指示がある。アラン・モンロー (Alan Monroe) によって考案された5つのステップから成るこの一連の流れは、人に何かをしてもらいたいときに、その動機づけをすることを目的としている。実際、テレビのコマーシャル*でもよく使用されている。

　　*テレビCMをつくる、という課題を試してもおもしろい。モンローの説得技法を用いながら簡潔にメッセージを伝えることを目的とする。テレビの宣伝は数十秒のものであるから、原稿もアウトラインもなしの暗記 (memorized delivery) でできる。

第3章　英語で話す

Monroe's Motivated Sequence

1	Attention Step	聞いている人に関心を持ってもらえるよう気を引く
2	Need Step	今のままでは問題が多く変化が必要と思わせる
3	Satisfaction Step	（実現可能な）解決策を提示する
4	Visualization Step	その結果どう改善するか描く（想像できるように）
5	Action Step	行動を起こしてもらえるよう呼びかける

このモンローの説得技法を、ゴキブリ退治の商品CMを例に、詳しくみよう。

① **Attention Step** すでに何度も説明している、読み手・聞き手の気を引くオープニングのことである。聞いてもらえなければ当然ながら説得もできない。例えば、登場人物が「きゃあ、ゴキブリ！」と叫ぶ。

② **Need Step** 問題解決のディスカッションのところでも出てきたように、問題があることを示し、さらにその問題に対して何かをしなければならないという必要性を明らかにする、というステップ。コマーシャルでは、登場人物がゴキブリに悩まされていることを伝える。どこから出てくるだとか、どうやっても退治できないとか、引っ越したいくらい、などとできるだけ具体的に話す。

③ **Satisfaction Step** ②で明らかにした問題の解決策を提示する。いかにその策が適切であるかも示す。コマーシャルでは、登場人物が実際に商品を使用して退治するところを映し出す。

④ **Visualization Step** このステップこそが、このシークエンスの核であろう。解決策を実際に取り入れればどういう結果になるのか描写してみせる。バラ色の未来である。もちろん、その逆にすることも可能で、解決策が実施されなかった場合に、どんなひどい状況に陥ってしまうか暗い未来を描くこともできる。コマーシャルを続けると、数日後の場面に移り（あるいはナレーターが語ることも考えられる）、その後まったくゴキブリに悩まされなくなったことを明らかにする。

⑤ **Action Step** 聴いている人たちに行動をおこすよう訴える。テレビのコマーシャルではあからさまに「買ってください」とは言わないものの、とても満足している消費者の映像をみて、視聴者はその商品を買おうとする。もちろん、より直接的に、値段を示したり、セール中であることを謳ったり、「今すぐお電話を」と番号を示したり、ということは可能である。

5つのステップが分かったところで、これらを参考に選挙演説を書いてみよう。

▶ Step 1　Find Common Ground (as you gain the attention)

　課題17では信頼を得ることの重要性を述べた。信頼に値する候補者であることを、必ず示すようにしよう。さらに、相手の立場に立って同じ目線で語ること、接点＝共通の場 (common ground) の確立もしよう。政治家はつねに「私たち (we)」を使う。「私 (I)」が何かしたいのではなく、「私たちみんな」が求めていることなのだと訴える。聴衆を見ながら、年齢層が高い、女性が多い、などと読み取れば、「介護に苦労しているのはあなただけではありません、私もまたそうなのです」などと語り、同じ立場にあることを強調する。聴衆が「この人なら信頼できる、分かってくれている」と思う可能性は高い。これは、①聴衆を意識する、⑥イントロダクションを練る、などのところでぜひ考慮してほしい。

　モンローの説得技法では、最初のステップで聴衆の気を引くことになっている。選挙演説なのだから、「魅力的な候補者」として自分を売り込みたいところだが、ここは聴いている人たちを意識しながら、彼らが主役であることを前面に押し出しながら、スピーチに興味を持ってもらえるように「私たち」を強調して、気を引こう。

▶ Step 2　Show the Need (that the problem exists)

　ここでは、現職の市長（知事）では何が問題なのか明確にする。とくに、改革すべきと訴えていく部分について、いかに市民（都民）にとって困った状況にあるかを明示する。

▶ Step 3　Show Satisfaction (solution to the problem)

　ステップ2の問題の解決策を提示する。自分の政策を打ち出すところであるから、できるだけ具体的に示し、いかにその政策が適切であるかをアピールする。

▶ Step 4　Visualize the Benefits (of the solution)

　政策が実施された後、どう市（都）がよくなるのか、しっかり描き出そう。

▶ Step 5　Request Immediate Action

　ステップ4のバラ色の未来を実現するためには、聴いている人の一票が必要であること、投票してもらいたいことを伝える。名前を繰り返すことは必須。どんなに素晴らしいスピーチをしても、「あれ？　あの人だれだったっけ？」と名前を忘れられては意味がない。

▶ Step 6　Deliver with Confidence

　もうひとつ大事な点を挙げておく。人を説得しようと思えば、どうしても話し方が重要になる。自信を持って話す、これはもう練習しかない。ぜひ人前で練習しよう。声の大きさだけでなく、相手の反応を見ながら話すといった練習にもなる。人前で話すのは恥ずかしいというのであれば、まずは声を録音してみよう。欲を言えば、録画のほうがより役に立つ。ボソボソと下を向いて話している自分の姿に愕然とする人もいるだろう。何度かやり直し（撮り直し）をしているうちに目に見えてうまくなっていることを確認できる。しかし、周りに誰もいない状況と、実際に観客が何十人かいる状況では、緊張の度合いが違う。練習ではうまくいったのに、本番ではなぜダメだったのだろうと悩む人は、あがってしまうから。人前で練習するしかない。

7　説得をしよう

> **ACTIVITY 19**
>
> **Persuasive Speech**
>
> Prepare a 7 to 8-minute persuasive speech. You may select your own topic. The object of the speech is to advocate change. <u>A visual aid is required.</u> You must turn in an outline with a reference list immediately before the speech.

　最後に本格的な（つまり準備に時間をかける必要のある）説得を目的とするスピーチの課題に挑戦してみよう。モンローの説得技法（Monroe's Motivated Sequence）を使うこともできる。選挙演説でも、②でいかに改革が必要か訴え、③で自分の政策・計画を披露し、④で自分が当選すれば有権者にとってこんなによいことがあると描き、⑤投票してください、と結んだ。同じように、「献血をしよう」などと呼びかけるようなスピーチには最適な構成と言える。しかし、ここではまた別のパターンを試してもらおう。

▶ Step 1　Know the Audience / Find a Topic

　クラスメートがトピックについてどれくらいの知識があるのか知るのはそれほど難しくない。しかし、彼らがどう思っているのか判断することは簡単ではなかったりする。賛否両論に分かれるようなトピックを選んだ時に、クラスメートも自分と同じ立場だと想定していたら、「まったく違った」ということがある。人の考え（信じていること）を変えるのは難しく、敵対的（に見えてしまう）聴衆を前に話すのは楽しくない。では、多くのクラスメートが賛成するトピックを選ぶことが最適かと言えば、それも違うだろう。学びの場である。少しくらい冷たい視線を浴びても自分の主張をしっかりと伝えたいものである。

▶ Step 2　Write a Thesis Statement / Write an Outline

　説得をするスピーチでは、学生はあまり使わないが、実際にはとてもよく使用されるのが比較というパターン（Comparison-Contrast）である。議論が二つに割れる、あるいは解決策が主に二つある、といった場合には、この構成が便

第3章　英語で話す

利なのである。二つ以上でも、解決策をいくつか比較しながら主張をすることができる。メッセージをしっかり伝えるには、対比を使うのが有効とナンシー・デュアルテ（Nancy Duarte）も指摘している。暗い現在↔明るい未来、停滞↔発展、など現状からどう好転するか対比させて示すことによって、聴いている人たちを納得させられるという。

　効果的なプレゼンテーションのマニュアルを書くなどコミュニケーションの専門家として著名なデュアルテは、人の心を動かすようなスピーチにはストーリーが盛り込まれていると指摘する。ストーリーは人びとの記憶に残りやすいという。それは、構成が分かりやすいだけでなく（始まりがあって、何かが起こり、終わりがある）、変化（AがBになる）がその呼び物となっているからと説明する。確かに、苦境を克服した人の話は、多くの人を感動させ勇気を与える。やってみよう、という気にさせる。

　そこでデュアルテはこのストーリーを、ビジネスのプレゼンテーション（売り込むのだから、説得をするスピーチ）にも導入することを提案している。現状はA地点（What is）、そして目標はB地点（What could be）のように、（スピーチの最初で）隔たりを提示し、それをどのように埋めていくのかを明らかにすれば、説得力のあるスピーチになるという。その際に、障壁を乗り越えていくストーリーとして展開すると、聞いている人たちは引きこまれ、語り手のアイディアに同感・同調しやすい、という。こんなスピーチのパターンもぜひ試してほしい。

> ### 📖 Using Story
>
> 　デュアルテを挙げたので、ここでもう一人紹介しておこう。マーシャル・ガンツ（Marshall Ganz）は長らくハーバード大学で、リーダーが使用する説得の方法（public narrative）を教えてきたが、ここでも大事なのはストーリーである。"A story of self, a story of us, and a story of now" という三つの部分から構成され、自分の体験を語りながら価値観を明らかにし、それが実は「私たち」が共有しているものであることを示し、そしていかに今その価値観が危機にさらされているかを訴えることによって、ともに行動を起こそうと呼びかける。スト

ーリーを三つ語ることで説得していくのである。

　興味のある人はぜひデュアルテやガンツを読んでみよう。ここでは、説得をしようとするときにストーリーを利用することが効果的と考えられていることを紹介するにとどめる。もし、アメリカのリーダーの話が心に訴えかけてきて感動するのに、なぜ日本のリーダーは違うのだろう、と思うことがあれば、こういったストーリーに注意して観察してみよう。デュアルテはマーティン・ルーサー・キングを例に、ガンツはバラク・オバマを例に分析している。

▶ Step 3　Conduct Research

　いくらストーリーがあっても、根拠とそれらを証明する引用やデータなどの証拠がなければ説得はできない。リサーチには十分に時間をかけること。この課題でも、アウトラインと参考文献リストをスピーチの直前に提出することを求めている。アウトラインはなんとか完成させたものの、「参考文献リストは後でいいですか」という学生がいるが、これはダメ。リストはリサーチが終わった段階で作成するもので、後回しにしない。

Step 4　Introduction / Body / Conclusion

　次頁の評価票を参考に、スピーチを完成させよう。内容だけでなくスピーチの仕方も評価対象であるため、十分に練習して本番に臨んでほしい。

第3章　英語で話す

Persuasive Speech Evaluation Sample

Persuasive Speech Evaluation

Speaker: _____   Evaluator: _____

(Rate the speech on each point)

Introduction

Gaining attention	Poor	Fair	Average	Good	Excellent
Stating thesis clearly	Poor	Fair	Average	Good	Excellent
Establishing credibility	Poor	Fair	Average	Good	Excellent
Previewing main points	Poor	Fair	Average	Good	Excellent

Body

Main ideas clear	Poor	Fair	Average	Good	Excellent
Ideas well supported	Poor	Fair	Average	Good	Excellent
Organization clear	Poor	Fair	Average	Good	Excellent
Transitions smooth	Poor	Fair	Average	Good	Excellent
Visual aid effective	Poor	Fair	Average	Good	Excellent

Conclusion

Repeating main ideas	Poor	Fair	Average	Good	Excellent

Delivery

Using eye contact	Poor	Fair	Average	Good	Excellent
Speaking loudly	Poor	Fair	Average	Good	Excellent
Speaking at the right rate	Poor	Fair	Average	Good	Excellent
Showing enthusiasm	Poor	Fair	Average	Good	Excellent

Comments:
Was the speaker very persuasive? Why or why not?

_____
_____
_____

Other comments:
_____
_____
_____

7　説得をしよう

> ## *ACTIVITY 20*
> ## Impromptu Speech
> You will deliver a short unprepared speech on a given topic. When delivering the speech, you follow the basic speech organization rules. You will be given one minute to organize your thoughts. Then you will speak for two to three minutes.

　最後に即興のスピーチを試してみよう。即興スピーチにもいろいろあるが、この課題は、"hobby"、"university"、"friends" など与えられたトピックで、1分ほど考えてから2〜3分話す、というものである。慣れていないと上手く話せない。逆に言えば、少し練習すれば無難にこなせるタイプのスピーチである。

❯ Step 1　Attention-Getter

　短いスピーチは内容よりも、分かりやすい構成になっているか、具体例が挙がっているか、など形式的な部分が大事になる。出だしで引きつける、ということをぜひ忘れないようにしたい。与えられたトピックをそのまま、"My topic is ..." と読みあげて始めるようなことはしないように。

❯ Step 2　Introduction / Body / Conclusion

　イントロダクションの最後で必ず言いたいことを明確にしよう。そうすれば、あとはその根拠を二つ、三つ決めて、それぞれを具体的に話していけばよい。込み入った話は避けて、また言いたいことから逸れてしまわないように簡潔に述べるようにする。最後は、"That's it." と唐突に終わるのではなく、もう一度、言いたいことを繰り返して、"Thank you." で終わろう。

第3章 英語で話す

8 読み聞かせをしよう
Oral Interpretation

　スピーキングの課題をいくつか挙げてきたが、最後に読み聞かせ (oral interpretation) をつけ加えておこう。「解釈 (interpretation)」とあるように、この課題で大事にしたいのは、(小説、戯曲、詩、などの) 原文をしっかり読んで書き手の意図を汲みとり、それを聞き手に伝えようとする努力、である。大げさに演技をすることではない。ここでは個人による朗読を取りあげるが、グループで劇を読むなどいろいろな形式がある。

> **ACTIVITY 21**
>
> **Poetry Reading**
>
> Choose a poem to recite. Make sure to consider your audience. Read and analyze the poem. Practice reciting the poem; you also need to prepare a short introduction giving some background information and an explanation of the piece and the poet.

　詩の朗読である。この課題はグループワークにすることも可能。その場合のメリットは、やはりさまざまな解釈を出しあいながら (それによって理解が深まると第1章で書いた)、どう読めば効果的か考えられるからである。数人で分担しながら読む、あるいは声を合わせて読む、など創意工夫もできる。

▶ Step 1　Select a Poem

　すでにリーディングのところで詩を取りあげているため、抵抗も少ないのでは。お気に入りの詩があれば読み聞かせでなく暗誦でもかまわない。これを機会にどっぷり英詩の世界に浸ってみよう。ただし、自己満足に終わらないよう気をつけてほしい。ネットで検索をかけて、あれこれ読んで、「感動した」、「気に入った」と選んでくる。何か忘れていないか。そう、聴衆のことである。彼らにとっ

ても「適切な」詩なのか考えよう。いくつか候補を選んで、どれがいちばん朗読にふさわしいか熟考してほしい。聞く方は一度しか聞くことができない。目で追うこともできない。それでも分かりやすく、心に響くような詩を探す必要がある。どう考えても難しすぎる英語の詩を朗々と読みあげても、誰も感動しない。

▶ Step 2　Read the Poem Several Times

詩の読み方については第1章で取りあげた。何度も読むことから始める。難しい単語には下線を引いて、きちんと調べるようにしよう。朗読をするからには、コンテクストから意味をつかむのではなく、正確に意味を把握する必要がある。読み終えたら、気づいたこと、疑問に思ったこと、感じたことなどを書きとめておく。

▶ Step 3　Analyze the Poem

読んだ後に話し合えるのが理想だが、ここでは自分でいくつかの解釈を考えてみよう。例えば、詩人について調べてみる。そうすると先の読後感とはまた違った説明ができるのではないか。あるいは、その詩について分析した論文を読んでみる。また別の解釈が見えてくるだろう。さまざまな読み方を参考にしながら、自分なりの解説を試みよう。

▶ Step 4　Write the Introduction

朗読をする前に簡単な説明を加えると、聞いている人の理解も深まる。これが課題の言うところの序文である。このように先に話しておくべきか、後で解説すべきか、どちらのほうが効果的かは議論のあるところだろう。ここでは、課題の指示通りに、タイトルや詩人の名前とともに、背景となることも先に伝えるようにしよう。

▶ Step 5　Oral Interpretation

いよいよ読み聞かせの準備である。原稿には書き込みをしておくとよい。ここをゆっくり、ここを大きな声で、ここで間を置く、など。どうすれば、自分の解釈が伝わるかを念頭において、読み上げ方を考えよう。当然ながら、発音が間違っていたり、読み方が分からなくて止まってしまったり、というのでは、聞いているほうも白けてしまう。細心の注意を払って完璧に調べておきたいものであ

第3章　英語で話す

る。何度も繰り返して練習することが必須であることは言うまでもない。その詩がどのように聞く人に伝わるかは、朗読次第なのである。

📖 Reader's Theater

　授業で芝居を取り入れたりもする。朗読劇（reader's theater）を紹介しよう。役割を演じるロールプレーは、いくつかの課題でも活用した。朗読劇は、グループワークとなるため盛りあがるばかりでなく、通常の演劇と違い台詞を覚える必要がないため、学生の負担も少ない。

　いくつかメリットがある。ひとつは、普段は気にしていない発音の練習ができること。英語で発信するためにはネイティヴのような発音が必要と思ったことはない。しかし、コミュニケーションが目的であれば、相手に聞き取ってもらう、理解してもらうことが重要になる。そのため、間違った発音を覚えてしまっていないか、聞きづらい発音になっていないかなど確認する機会を設けることも、大学英語には必要だろう。

　さらに、語彙を増やす、英語の構文に慣れ親しむというメリットもある。いくら辞書で調べたり、本で目にしたりしても、実際に使ってみなければなかなか身につかない。朗読劇では、何度も練習をすることになるため、自然と頭に入っていく。

　「劇」と呼んでいるが、劇作をただ見つけてきて読むのではなく、書かれた（短編）小説を、じっくり読み（分析をする）、聴衆に何を伝えたいのか考え（解釈もする）、配役や台詞の割りふりを決め（構成を考える）、練習を重ねるのだから、かなりの作業となる。劇や映画の台本を利用することも可能だが、たいていは分量が多いため、授業で上演するためには（授業内では30分以内に終わるようにしている）短くしなければならない。

　実はこの課題、読む、書く、話す、のすべてのスキルを最大限活用するもので、年度末のトリにふさわしいものなのである。

参考文献

第 1 章

Adler, Mortimer J., and Charles Van Doren. *How to Read a Book: The Classic Guide to Intelligent Reading*. Revised ed. New York: Touchstone, 1972. Print.
　翻訳：『本を読む本』、外山 滋比古・槇 未知子訳、講談社学術文庫、1997年。

Cortell, Stella. *Critical Thinking Skills: Developing Effective Analysis and Argument*. 2nd ed. New York: Palgrave Macmillan, 2011. Print.

"Cruiser Maine Blown Up: American Warship Totally Destroyed in the Harbor of Havana Killing or Wounding Many American Seamen." *Houston Daily Post* 16 Feb. 1898. 1. *Library of Congress: Chronicling America*. Web. 10 Jan. 2015.

Dunbar, Paul Laurence. "The Conquerors: The Black Troops in Cuba." *Lyrics of the Hearthside*. New York: Dodd, Mead and Company, 1902. 74-75. Print.

Kasson, Joy S. "*The Voyage of Life*: Thomas Cole and Romantic Disillusionment." *American Quarterly* 27.1 (1975): 42-56. *America: History & Life*. Web. 26 July 2015.

King, Grace. "The Little Convent Girl." *Balcony Stories*. New York: Century Co., 1893. 143-161. Print.

Kiniry, Malcolm, and Mike Rose. *Critical Strategies for Academic Thinking and Writing*. 3rd ed. Boston: Bedford/St. Martins, 1997. Print.

Robinson, Francis Pleasant. *Diagnostic and Remedial Techniques for Effective Study*. 4th ed. New York: Harper & Row, 1970. Print.

Roosevelt, Theodore. "Promise and Performance." *Outlook* 65.13 (July 28, 1900): 723-725. Print.

Tiersky, Ethel, and Esther Dickstein. *USA Today Read All About It: Mastering Reading Comprehension and Critical Thinking Skills*. Lincolnwood, IL: National Textbook Company, 1995. Print.

"Warship Maine Destroyed: Frightful Explosion Sends Her to the Bottom of the Havana Harbor." *Salt Lake Herald* 16 Feb. 1898. 1. *Library of Congress: Chronicling America*. Web. 10 Jan. 2015.

参考文献

第 2 章

Ayers, Edward L. "Does Digital Scholarship Have a Future?" *Educause Review* 48.4 (Jul/Aug 2013): 25-34. *Teachers Reference Center*. Web. 12 Mar. 2015.

—. "The Experience of Liberal Education." *Liberal Education* 96.3 (Summer 2010): 6-11. *Academic Search Premier*. Web. 12 Mar. 2015.

—. "Where the Humanities Live." *Daedalus* 138.1 (2009): 24-34. *America: History & Life*. Web. 12 Mar. 2015.

"The Birth of a Nation: Film Version of Dixon's 'The Clansman' Presented at the Liberty." *New York Times* March 4, 1915. 9. Microfilm.

Geffner, Andrea. *How to Write Better Business Letters*. 5th ed. New York: Barron's, 2013. Print.

Hacker, Diana. *Rules for Writers*. 5th ed. Boston: Bedford/St. Martin's, 2004. Print.

Ito, Akiyo. "Olaudah Equiano and the New York Artisans: The First American Edition of *The Interesting Narrative of the Life of Olaudah Equiano, or Gustavus Vassa, The African*." *Early American Literature* 32.1 (1997): 82-101. Print.

Lindemann, Erika. *A Rhetoric for Writing Teachers*. 4th ed. New York: Oxford UP, 2001. Print.

Oshima, Alice, and Ann Hogue. *Writing Academic English*. 3rd ed. New York: Longman, 1999. Print.

Swales, John M., and Christine B. Feak. *Academic Writing for Graduate Students: Essential Tasks and Skills*. 3rd ed. Ann Arbor: University of Michigan Press, 2012. Print.
翻訳：『効果的な英語論文を書く――その内容と表現――』、御手洗 靖訳、大修館書店、1998年。

"Toy Trade Enormous: Higher Prices the Rule and the Outlook Was Never Better." *New York Times* 29 July 1907. 2. Microfilm.

"Two Nobel Prizes Awarded: One Goes to Prof. Finsen, Discoverer of the Light Treatment for Lupus; the Other to Prof. Pavloff." *New York Times* 13 Aug. 1901. 3. Microfilm.

"What Richmond Thought of The Trackless Trolley When Demonstrated Here Last July." *Richmond Times-Dispatch* 21 June 1922. 9. *Library of Congress: Chronicling America*. Web. 10 Jan. 2015.

第3章

Cook, Ann. *American Accent Training: A Guide to Speaking and Pronouncing American English for Everyone who Speaks English as a Second Language.* 3rd ed. New York: Barron's, 2012. Print.

Dale, Paulette, and James C. Wolf. *Speech Communication Made Simple: A Multicultural Perspective.* 3rd ed. New York: Longman, 2006. Print.

Duarte, Nancy. *Harvard Business Review Guide to Persuasive Presentations.* Boston: Harvard Business Review Press, 2012. Print.

—. *Resonate: Present Visual Stories that Transform Audiences.* Hoboken, NJ: Wiley, 2010.
　翻訳：『ザ・プレゼンテーション』、中西 真雄美訳、ダイヤモンド社、2012年。

Ganz, Marshall. "Public Narrative, Collective Action, and Power." *Accountability Through Public Opinion: From Inertia to Public Action.* Eds. Sina Odugbemi and Taeku Lee. Washington DC: World Bank, 2011. 273-289. Print.

Lenning, Maryanne. *Getting Started in Speech Communication.* Lincolnwood (Chicago), IL: National Textbook Company, 1996. Print.

Lucas, Stephen E. *The Art of Public Speaking.* 11th ed. Boston: McGraw-Hill, 2011. Print.

Marrs, Carol. *The Complete Book of Speech Communication: A Workbook of Ideas and Activities for Students of Speech and Theatre.* Colorado Springs, CO: Meriwether Publishing, 1992. Print.

Oberg, Brent C. *Speechcraft: An Introduction to Public Speaking.* Colorado Springs, CO: Meriwether Publishing, 1994. Print.

Reinhart, Susan M. *Giving Academic Presentations.* Ann Arbor: University of Michigan Press, 2002. Print.

*Dale、Lenning、Marrs、Obergにはスピーチのアクティヴィティがたくさん紹介されている。そういったものにもぜひ挑戦してもらいたい。

奥田曉代（おくだ　あきよ）

慶應義塾大学法学部教授。慶應義塾大学大学院修士課程文学研究科修了後、ノースカロライナ大学チャペル・ヒル校英文科大学院修士課程修了、同大学院博士課程修了(Ph.D.)。
著書に、『記憶を紡ぐアメリカ──分裂の危機を超えて』(共著、慶應義塾大学出版会、2005年)、『アメリカ大統領と南部 ── 合衆国史の光と影』(慶應義塾大学出版会、2010年)、訳書に、『クー・クラックス・クラン 革命とロマンス』(トマス・ディクソン・ジュニア著、水声社、2006年)などがある。

大学で学ぶ英語の教科書

2016年2月29日　初版第1刷発行

著　者	──奥田曉代
発行者	──古屋正博
発行所	──慶應義塾大学出版会株式会社

　　　　　〒108-8346　東京都港区三田2-19-30
　　　　　TEL〔編集部〕03-3451-0931
　　　　　　　〔営業部〕03-3451-3584〈ご注文〉
　　　　　　　〔　〃　〕03-3451-6926
　　　　　FAX〔営業部〕03-3451-3122
　　　　　振替 00190-8-155497
　　　　　http://www.keio-up.co.jp/

本文組版・装丁──辻　聡
印刷・製本───中央精版印刷株式会社
カバー印刷───株式会社太平印刷社

© 2016 Akiyo Okuda
Printed in Japan　ISBN 978-4-7664-2310-5

慶應義塾大学出版会

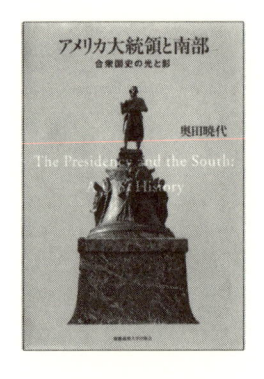

アメリカ大統領と南部
合衆国史の光と影

奥田暁代著　アメリカ大統領たちは、南部といかに向き合い、南部をいかに利用したのか。合衆国建国以来、いまだに衰えない南部の存在感と影響力。南部がアメリカの形成と再生に果たした役割を詳細に読み解く。◎2,800円

記憶を紡ぐアメリカ
分裂の危機を超えて

近藤光雄、鈴木透、マイケル・W・エインジ、奥田暁代、常山菜穂子著　「マイノリティ」の過去をめぐる闘争、「表象芸術」にみる記憶表現、「コミュニティ」における共通記憶の態様……。記憶の創出をめぐる多様な分析から、集団的記憶の再構築に挑む超大国アメリカの本質を探る。　◎2,500円

表示価格は刊行時の本体価格（税別）です。

慶應義塾大学出版会

アカデミックライティング入門（第2版）
英語論文作成法

吉田友子著　英語論文を書きたい人のための、中・上級レベルのテキスト。本文を読み、練習問題をこなすうちに、必要なスキルとステップをおさえることが出来る構成。文献調査のウェブ活用法や電子文献の使い方など、ネット時代に対応した改訂版。　◎2,000円

英語論文の書き方入門

迫桂・徳永聡子著　学問の心得や英語論文ならではの特徴、テーマ探しから執筆・完成に至るまでの手順を、準備編と実践編にわけて詳しく解説する。はじめて英語論文に取り組む人にも、きちんと学び直したい人にも、よくわかる一冊。　◎2,000円

表示価格は刊行時の本体価格（税別）です。